政道与正道

领导干部职务犯罪风险防控指南

张远煌 彭德才◎著

第二版

中国法制出版社
CHINA LEGAL PUBLISHING HOUSE

为官高风险　防范讲方略

　　党的十八大以来，以反腐倡廉为重心的治理职务性违纪违法活动，以前所未有的力度持续开展。这于党和国家而言无疑是件幸事，当然也顺应了民心，但对于身处权力阶层的领导干部而言，则意味着其所面临的职务性风险比先前任何时候都更加现实、更加严峻。令人忧虑的是，面对"为官高风险"的现实，对应的却是不少领导干部"旁观者心态"突出、主动防范意识严重滞后的格局。

　　孟德斯鸠曾敏锐地指出："一切有权力的人都易于滥用权力，都倾向于将权力使用到极致。"从这种意义上讲，为官有风险实属正常。因为，只要手中握有权力，面对纷繁复杂的社会现实的诱惑与人类欲望无限扩张的天性，就会始终面临着"要不要贪腐""能不能任性"的内心拷问与挣扎；就始终存在因不能有效约束自己的非分之想而滥用权力引发法纪制裁的风险。可以说，职务性违纪违法风险，是身处管理岗位的各级各类领导干部的终身性风险，而不只是某一阶段或某一时期的风险，但是在不同时期，为官者所面临的职务风险的大小与表现形式是有显著差异的。

2010 年，人民论坛问卷调查中心曾对 6810 人展开调查，44%的受调查者认同"做官也是高风险职业"。几年后的今天，不用再做同样的问卷调查，仅凭理性的经验观察就可以判定：领导干部作为一个职业群体，当下正在经历着前所未有的职务风险高发期。贪腐风险正在加大，擅权风险与失职风险也竞相迸发，并且这种"多管齐发"的风险局面，短期内尚难以根本改变。

一方面，领导干部职务风险的存量不少。在先前执纪执法不甚严格的环境下，因公权私用、权钱交易埋下的风险种子，在"零容忍"、全覆盖和可持续的高压态势下正在集中爆发。这既应验了那句"不是不报，时候未到"的老话，也再次彰显了"法网恢恢、疏而不漏"的铁律。另一方面，职务风险的增量趋于扩大。领导干部自身忽视规范用权、廉洁用权的成长性缺陷与全面从严治党、全面依法治国的新要求之间的不适应，以及长期以来无论从单位到个人，因普遍忽视违纪违法风险内控机制建设与自我防控能力提升而留下的历史性欠账，也注定了新形势下从政为官者的职务风险趋于高发。

客观地讲，当下的为官高风险是"三大因素"相互叠加的必然结果。制度性缺陷使得掌权者在权力的行使上有诸多可以偏离正道的现实机会和条件；执纪执法新常态使得乱作为、不作为被发现和查处的概率大大增加；领导干部自身识别职务风险和抵御外界诱惑能力的不足，使其容易为"情""利"二字所俘虏。作为领导干部，只有科学看待现阶段诱发或促成"为官高风险"的现实因素，并采取正确的应对之策，才能远离具有紧迫性的职务风险。

从治国理政的角度来看，消除或减少诱发职务风险的体制与制度因素，既是预防和减少职务性违纪违法现象的治本之策，也是对领导干部的根本性保护，但这一目标的达成需要经历一个艰苦而有耐心的过程。于是，对滥用权力、以权谋私者实行"老虎""苍蝇"一起打的策略，就成为当下遏制贪腐渎职现象蔓延、为制度建设赢得时间的必然选择。面对这种不可抗力的大势，领导干部切实降低自身职务风险的唯一理性选择就是顺势而为、努力化解。毛泽东同志在 1938 年就曾讲过："正确的路线确定之后，干部就是决定的因素。"就领导干部职务风险的防控而言，对自己的这种"决定性因素"的发挥要有很到位的理解：一方面，在强调落实主体责任和监督责任的当下，如果工作消极怠慢，以致在自己所负责的领域或单位未发挥应有的决定性作用，导致法纪松弛或引发严重后果，自然会与失职渎职风险发生"亲密接触"；另一方面，如果手握权力却没有"职务风险就在身边、就在当下"的危机意识，在行为模式上依然我行我素，无视廉洁用权、规范用权的外在约束，就必然会葬送自己的政治前途，从政为官之路很可能蜕变为走向监狱之路。

因此，如何把积极推进自己所领导的单位和部门的职务风险预防，与努力减少自身的职务风险隐患紧密结合，就成为从政为官者安全履职最为紧要的一体两面的问题。

应当说，当今社会有很多方面都在进步。两年前，国家行政学院最先邀请我给厅局长培训班讲课，指定的题目是"领导干部职务犯罪风险防范"。先前的干部培训是没有这方面内容的。因为一谈到犯罪问题，人们往往首先想到的就是《刑法》，而《刑法》所能处理的只是犯罪之后如何确定罪名和刑罚的问题。现在要求讲事前的预防问题了，这是一种观念上的巨大进步。相对于事后惩罚，事前预防不仅在减少犯罪上更为有效，而且体现了"尽量使人远离违法犯罪"的深刻人文关怀。从国家层面来讲，更加注重预防不仅体现了党和政府更强烈的责任担当与治理能力的自信，而且可以保护大批干部，避免培养干部所投入的巨大资源耗费。对于领导干部来讲，一旦陷入违法犯罪的泥潭，事后无论怎么忏悔和总结教训都为时太晚，只有立足于自身的岗位特征和职权特点，认真做好事前的风险防控，才能保障职业生涯的安全，并对社会和国家有所贡献。

在职务风险的防控方面，我们特别强调除了要致力于履行职责要求，努力改善自己所能影响的微观环境外，领导干部更应重视反思和检讨自身在思想观念与行为倾向上存在的职务性风险隐患，如果心存政治生态不良、官场风气不正或外部环境诱惑太大之类的抱怨或辩解，只能使自己迷失方向，招致更大的职务风险。人的观念、思想和行为模式，固然是环境塑造的，但面对同样的环境，如何看待自己手中的权力，是否选择以权谋私或搞权钱交易的方式来放纵自己的欲望、满足自己的私利，最终的主动权始终是掌握在自己手中的。或者说，只要真正有"权为民所用"的宗旨意识，即使没有外在的法纪约束，大抵也不会滑向违法乱纪的泥潭。反之，如果滋生了"公权可私用"的自我心理辩解，行动上就会丧失底线意识，即使有法纪的约束，也会视而不见或故意规避。

从二十余年前厦门远华案件的赖某某，以"不怕官员立场坚定，就怕官员没有爱好"为信条，大肆收买各级官员为其进行大规模走私活动提供帮助和服务；到2015年南京市原市长季某某在法庭做最后陈述时说，"回过头来看，我的主要问题发生在一个20多年的朋友圈"，两相对照，其实反映的都是同一个实质性问题：官员之所以犯罪，是因为思想上将公权力当成了可以满足私欲的工具或资本；收买者之所以能驱使官员为自己牟利，也是因为看中并增强了官员"权力归我有"的认识倾向。正因为有了"权力可私用"这种思想认识作为媒介和根据，滥用权力或权钱交易对当事者来说才都是"适宜的""应该的"和"利大于弊的"。

有一个小故事，可以从正面进一步说明这个问题。2011年，我带队到红旗渠参观学习。大家都知道，河南林州人民在太行山修成了一条人工天河，这个工程的时间跨度是十年，当时总投入将近1亿元。20世纪60年代的1亿元可是天文数字。林州干部艰苦奋斗的精神无疑值得学习，但我感受最深的是十年间居然没有发生一起干部挪用工程资金的案件，也没有一起请客送礼的事例。我在想，当时谈不上搞法治建设，很多方面只能靠党员干部的自律。这样大的工程，十年间没有发生一起贪腐案件，从今天来看令人震撼。

上述事例连同古往今来的无数事例，印证的都是这样一个基本规律：就个人层面而言，人们之所以违法犯罪，那是因为他们在违法犯罪之前，在复杂的社会交往中已经形成了孕育违法犯罪的思想意识。对领导干部而言，这种思想意识集中表现为对"公权可私用"的自我认同或自我心理辩解。一旦有了"公权可私用"的心理认同感，不仅自身的非分欲望会迅速膨胀，而且识别和抵御外界诱惑的能力也会显著下降，在职务活动或社会交往中滥用权力或以权谋私也就具有了必然性。

然而，令人遗憾的是，在预防违法犯罪的对策设计与路径选择上，主要停留在传统的国家层面和宏观角度，从个人层面和微观角度讲自我防范的很少；即使有所涉及，也主要局限于模式化的政治思想教育，增强官员自身防范能力的针对性和可操作性严重不足。身处权力运行尚缺乏有力监督的体制之下，权力行使的自由空间较大，自身的法治观念和依法用权能力与从严治党和依法治国的现实要求又有差距，按照过去的习惯或经验用权的确会新增不少风险，不少领导干部在应对新时期的职务风险时往往感到茫然和不知所措。

写作本书的主要目的正在于"小题大做"。从小的方面，从手握权力的领导干部容易忽视的角度，来谈谈面对反腐倡廉活动体系推进所引发的大浪淘沙式的荡涤，如何增强职务风险防范意识，从自身做起、从当下做起，切实消除自身存在的各种职务风险隐患。

往者不可谏，来者犹可追。我们无法选择环境，但我们确实应该有这样的职业意识：手中的权力有多大，职务性违纪违法的风险就有多大。我们也许无力改变环境，但我们确实可以也应该做出这样的努力：为了自身的履职安全，努力践行"公权不可私用"的规训；同时，为了他人的幸福与安康，努力营造不能腐和不想腐的微观生态。这既是保障自己职业生涯得以行稳致远的根基，也是执掌一个单位或部门权柄者的本分。

承蒙中国法制出版社的厚爱与邀请，在同事和我的博士生帮助下，结合我近年来为党政机关、事业单位领导干部和企业高管讲授《领导干部职务犯罪风险防控》《企业家刑事风险防范》的讲稿整理，形成了这本小书。作为专业研究者，写作通俗读本带有探索性，不足之处敬请批评指正。本书如能对读者有所启发或引起反思，则是作者之幸。

是为序。

张远煌

目　　录

第一章

如何认清反腐败新态势

人生的可持续力，关键在于看清变化。

不审势即宽严皆误。

《孟子·尽心上》有言："孔子登东山而小鲁，登泰山而小天下。"登高才能望远，才能把握大势，才能不被迷惑。正确认识反腐败形势，对于领导干部从政行为的选择具有导向性意义。对领导干部而言，职务风险来自多个方面。腐败，可以说是当下和今后最为严峻、最为突出的风险形式。现如今，反腐败进入了什么阶段？下一步将如何推进？反腐败体制变革带来哪些新变化？有哪些反腐败政策规定必须掌握？诸如此类的问题，涉及反腐败形势的判断和反腐败战略的选择。领导干部只有善于认清反腐倡廉、从严治党这一既事关党和国家命运、又事关个人前途的大问题、大趋势，并基于政治生态良性变化与自我主动调适的理性思考，才能在大浪淘沙的历史进程中不忘初心、站稳脚跟，远离职务犯罪风险。

认识是行动的先导，只有认识到位，行动才会自觉。一些领导干部之所以犯错误，就在于对反腐败形势存在认识误区，使自己堕入风险。领导干部要清醒认识腐败和反腐败力量对比的趋势，清醒认识党中央反腐败的意志和决心，不能犯飞蛾扑火式的低级错误。

一、中央对反腐败形势如何判断

（一）腐败和反腐败力量对比变化

形势决定任务。正确判断形势，是科学部署工作的前提。党的十八大以来，中央多次对反腐败斗争形势作出判断，总体上就是四个字：严峻复杂。但是在不同的时期，随着工作深入，腐败和反腐败力量的对比发生着重大变化。

2015 年 1 月，在十八届中央纪委五次全会上，中央判断"腐败和反腐败呈胶着状态"。什么是"胶着状态"？"胶着状态"表示的是相对抗的双方在实力相当的情况下的一种对峙状态。比如在下围棋的时候，双方可能互有优势地带，但在攻守的所得上双方处于比较平衡的状态，我们就可以称之为"胶着状态"。表现在反腐败斗争上，可理解为我们在实现不敢腐、不能腐、不想腐上还没有取得压倒性胜利，腐败活动减少了但还没有消除反弹的危险，反腐败体制机制健全了但还不够完善，思想教育加强了但思想防线还没有筑牢，减少腐败存量、遏制腐败增量、重构政治生态的工作仍然艰巨繁重。

2016 年 1 月，在十八届中央纪委六次全会上，中央对腐败和反腐败力量的对比作出新的判断。习近平同志指出，3 年来，我们着力解决管党治党失之于宽、失之于松、失之于软的问题，使不敢腐的震慑作用充分发挥，不能腐、不想腐的效应初步显现，反腐败斗争压倒性态势正在形成。一年的时间，从"胶着状态"到"反腐败斗争压倒性态势正在形成"，表明腐败和反腐败从"相对平局"到反腐败取得了相对优势，这是力量对比的重要变化。

2016 年 12 月 28 日，中央政治局会议指出，党的十八大以来，以习近平同志为核心的党中央把全面从严治党纳入战略布局，领导全党全社会共同努力，推动全面从严治党取得重要阶段性成果，党内政治生活呈现新的气象，反腐败斗争压倒性态势已经形成，得到人民群众称赞，党心民心得到极大提振。据此，从年初的"反腐败斗争压倒性态势正在形成"到年底的"反腐败斗争压倒性态势已经形成"，两字之差，意味不同，表明反腐败斗争又取得了新的阶段性成果。

2017 年 10 月，党的十九大隆重召开，习近平同志在代表第十八届中央委员会向大会所作的报告中对反腐败斗争的态势又作出新的判断。习近平同志讲："坚持反腐败无禁区、全覆盖、'零容忍'，坚定不移'打虎''拍蝇''猎狐'，不敢腐的目标初步实现，不能腐的笼子越扎越牢，不想腐的堤坝正在构筑，反腐败斗争压倒性态势已经形成并巩固发展。"

（二）哪些数据可以支撑这一判断

从"腐败和反腐败呈胶着状态"，到"反腐败斗争压倒性态势正在形成"，到"反腐败斗争压倒性态势已经形成"，再到"反腐败斗争压倒性态势已经形成并巩固发展"，这一判断是建立在科学分析基础上的，是完全正确的。曾几何时，形式主义、官僚主义、享乐主义、奢靡之风大行其道；干部被"围猎"，权钱交易、权色交易、权权交易、利益输送等问题屡见不鲜；许多人不以廉为荣，不以贪为耻，笑廉不笑贪，笑贫不笑娼，腐败文化弥漫，"千里做官为求财"的观念甚嚣尘上，甚至有人发问："红旗还能打多久？"党的十八大以来，政风肃纪驰而不息，全党踏石留印、抓铁有痕，刹住了许多人认为不可能刹住的歪风，管党治党从"宽松软"走向"严紧硬"，推动中国共产党的建设发生了历史性变革。

从执纪审查成果看，第一，五年来，全国纪检监察机关共处置问题线索 267.4 万件，立案 154.5 万件，处分 153.7 万人，涉嫌犯罪被移送司法机关处理的有 5.8 万人，立案数、处分人数以年均30% 增幅连续保持增长。第二，五年来，共立案审查省军级以上党员干部及其他中管干部 440 人，其中中央委员、候补中央委员43 人，中央纪委委员 9 人；纪律处分厅局级干部 8900 余人，处分县处级干部 6.3 万多人，平均每天立案审查地厅级干部 5 人，平均每天立案审查县处级干部 40 人。特别是严肃查处周某康、薄某某、郭某雄、徐某厚、孙某才、令某划等严重违纪违法案件，清除了党内政治隐患。第三，五年来，刹住了许多人认为不可能刹住的歪风，查处违反中央八项规定精神问题18.9万件，处理党员干部25.6万人，多名中管干部在因其他严重违纪问题受到审查的同时，被追究违反中央八项规定精神的问题。可以说，"八项规定改变中国"，作风建设已经成为党的建设的亮丽名片。第四，五年来，中央巡视开展了12轮，共巡视了277个党组织，对16个省区市开展了巡视"回头看"，对4个中央单位进行"机动式"巡视，首次实现一届任期全覆盖，并形成了全国巡视巡察"一盘棋"；设立了47家派驻中央一级党和国家部委纪检组，监督139家中央单位的党组织，实现了中央纪委派驻监督的全覆盖。第五，五年来，群众对反腐败斗争的满意度从75%上升到93.9%。第六，五年来，不断完善党内法规体系，制度的笼子越扎越牢。以党章为根本遵循，实践探索在前，总结提炼在后，共修订颁布了90余部党内法规，使党内法规与国家法律协调衔接，依规治党和依法治国互相促进、相得益彰。

总之，一系列数据表明，在腐败问题上，已经形成了政治上压制、作风上扭转、势头上遏制、民心上认同的局面。腐败真正成为人民群众痛恨的毒瘤，而不再是"闻着臭，吃着香"的臭豆腐。

（三）反腐败斗争在新时代将怎样继续

随着反腐败斗争不断深入，有人认为继续查下去会打击面过大，影响经济发展，导致消费需求萎缩，甚至把当前经济下行压力增大与反腐败力度加大扯在一起；有人认为反腐败是刮一阵风，搞一段时间就会过去，现在打枪，暂且低头；有人认为反腐败会让干部变得缩手缩脚、明哲保身，不愿意做事了；等等。因此，有人猜测说，党的十九大以后，反腐败的力度将会弱化。这些言论、观点都是错误的。中国共产党反腐败不是看人下菜的"势利店"，不是争权夺利的"纸牌屋"，也不是有头无尾的"烂尾楼"。相对于实现中华民族伟大复兴的漫漫征程，可以说，全面从严治党仅仅是开了个头，任重而道远。已经沾染腐败和想搞腐败的领导干部，不要指望中央在反腐败斗争上"歇歇脚、喘口气"。对此，习近平同志在党的十九大报告中明确指出："当前，反腐败斗争形势依然严峻复杂，巩固压倒性态势、夺取压倒性胜利的决心必须坚如磐石。"这可以说是"反腐败斗争永远在路上"的宣言。

第一，强调"反腐败斗争永远在路上"，在于对腐败深重危害的清醒认识。腐败是人类社会的毒瘤，是阻碍社会健康发展和实现社会良性之治的重大顽疾。腐败巨大的特殊危害性，主要不在于腐败者对法律和制度的明知故犯，而在于掌权者在要求他人尊重法律的同时，自己却利用手中的权力花样百出地藐视和践踏法律，巧取豪夺稀缺的社会资源，使为人类社会高度认可和珍视，并作为维系社会和谐发展基石的核心价值——正当、诚信与正直，遭受更为广泛和深度的侵蚀。正是在这种意义上，可以说治理腐败是最深刻的社会治理，是实现社会良性之治的根基所在。2013年4月19日，习近平同志在第十八届中央政治局第五次集体学习时指出："人民群众最痛恨各种消极腐败现象，最痛恨各种特权现象，这些现象对党同人民群众的血肉联系最具杀伤力。一个政党，一个政权，其前途和命运最终取决于人心向背。我们必须下最大气力解决好消极腐败问题，确保党始终同人民心连心、同呼吸、共命运。"

第二，强调"反腐败斗争永远在路上"，在于对腐败顽固性的清醒认识。腐败问题具有顽固性、反复性的特点，从"宽松软"走到"严紧硬"亦非一时之功。以落实中央八项规定精神为例。从中央纪委监察部网站公布的2015年2月全国查处违反中央八项规定精神问题看，2月违规公款吃喝现象有所反弹，较1月上升了29.89%。这与2月刚好过春节不无关系，证明"四风"问题树倒根存，顶风违纪现象仍时有发生，重压之下会花样翻新，防止反弹回潮任务艰巨。因此，党中央强调，开弓没有回头箭，反腐没有休止符。面对执政考验、改革开放考验、市场经济考验、外部环境考验，为防止精神懈怠危险、能力不足危险、脱离群众危险、消极腐败危险，党中央将保持政治定力，以强烈的历史责任感、深沉的使命忧思感、顽强的意志品质，以抓铁有痕、踏石留印的劲头，踩着不变的步伐，以顽强的毅力和不屈的韧劲，把党风廉政建设和反腐败斗争一步步引向深入。

第三，强调"反腐败斗争永远在路上"，在于前所未有地重视反腐败制度建设。当下的反腐败充分展现了执政党在治国理政的观念上，正在经历着从人治到法治的重大转变，以制度建设为基础的常态性反腐败新格局已经形成，法治反腐将成为新常态。一方面，党纪国法这张法网编织得越来越严密和精细：修改《中国共产党党内监督条例》《中国共产党章程》《中国共产党纪律处分条例》以及《刑法》反贪污贿赂犯罪规定的完善等。这不仅使党内的预防性制度体系日益形成，使党要管党、从严治党有了可操作的制度保障，而且也保障了党纪在前、党纪严于国法、党纪与国法有效衔接落到了实处。另一方面，在不断完善反腐制度的同时，维护党纪与国法权威的监督机制在不断健全和加强，党的纪检机构聚焦主业、专司监督职责，覆盖所有行使公权力人员的国家监察委的组建，都为党纪国法的刚性提供了坚强保障。

二、腐败治理为何能取得显著成效

2017 年 4 月，中央纪委监察部网站推出"聆听思想的声音"系列访谈，作家二月河说："我们党的反腐力度，读遍二十四史，没有像现在这么强的。这种力度绝对是不见史册的。"反腐败是一项系统工程，腐败治理要取得成效，加大反腐败力度是其中一个方面。几乎没有哪个国家不宣称要反腐败，但从东方到西方，从所谓的民主国家到非民主国家，反腐败相对成功的案例屈指可数。中国现阶段的反腐败之所以能取得显著成效，根本原因在于探索出了一条科学有效的腐败治理道路，找到了一条化解腐败存量、遏制腐败增量的途径。

（一）反腐败成功应具备的必要条件

总结国际社会反腐败的经验教训，可以归纳出反腐败成功必须具备的三个主要条件：

第一，要有坚定的反腐败政治意愿与强有力的推动力。反腐败是对异化的权力阶层的清算，是对既得利益者的直接触动，其艰巨性和持续性不言而喻。如果没有坚定的反腐败意志以及整合各种资源推动反腐败的行动力，反腐败就难以真正展开；即使展开了，也难以深入持久。在这方面，从廉洁度较高的北欧国家，到亚洲的新加坡以及我国的香港地区，再到反腐败徘徊不前的苏联及中东欧地区，正反两方面的实践都证明了这一点。

第二，要有良性的反腐败顶层制度设计。缺少能体现腐败犯罪规律并符合本土实际的科学反腐败制度设计，即使反腐败的政治意志很坚定，也只能是人治反腐和经验反腐，难逃无疾而终的结局。这是很多国家反腐败斗争不能取得成功的一个重要的共性原因。比如说，在制度设计上，只注重完善事后打击的刑事制度，缺乏其他相关制度的配套，尤其是事前主动预防制度的严重缺失，都将直接影响反腐败的进程与成效。

第三，要有权威、高效和公正的反腐败运行机制。良法是善治的前提，但法律的生命力与权威源自有效实施。比制度设计更难的是反腐败制度的高效运作，制度高效运作的关键又在于有制度执行的保障机制。这就是为什么不少国家和地区都有反腐败制度，有的还比较完备，但反腐败成效不佳的根本原因。在这方面，我国香港廉政公署（ICAC）、新加坡贪污调查局（CPIB）都做得比较出色。在香港地区，有一个家喻户晓的标语——"香港，胜在有你和ICAC"，即对香港廉政公署的肯定。近期，香港廉政公署对香港特区前行政长官曾某权案件的办理，体现了香港廉政公署对腐败"零容忍"的态度。在新加坡，贪污调查局是执政党反腐败战略的先锋。自从新加坡前总理李光耀领导的人民行动党执政以来，新加坡贪污调查局大力整肃贪腐，多位部长级高官因贪腐被严肃依法查处。持续多年的强力反贪为新加坡营造了对腐败"零容忍"的文化，严格执法已经成为一种习惯。

（二）中国有效治理腐败的成功经验

党的十八大以来，中国的反腐败成为全球反腐败的一大亮点。这一成就的取得不是偶然的，而是在中国大地上再次印证和丰富了反腐败斗争的成功之道。在以习近平同志为核心的党中央的强力推动和科学部署下，中国在较短时间内就取得了反腐败斗争的重大成就，成果确实得来不易。党的十八大以来的反腐败斗争，较之以前的反腐败有以下几个突出特点。

第一，政治高层具有坚定的反腐败决心与顽强意志，并具有整合各种资源强力推进反腐败的行动力。2012年11月15日，刚刚在党的第十八届中央委员会第一次全体会议上当选的中共中央总书记习近平，在北京人民大会堂同中外记者见面时就强调："新形势下，我们党面临着许多严峻挑战，党内存在着许多亟待解决的问题。尤其是在一些党员干部中发生的贪污腐败、脱离群众、形式主义、官僚主义等问题，必须下大气力解决。全党必须警醒起来。"由此，吹响了新时代反腐败的号角。随后，针对"老虎吃天，无处下口"的问题，从八项规定抓起，撕开了反腐败的口子，进而提出对腐败"零容忍"、全覆盖、无禁区，推进反腐败斗争向纵深发展。特别是"零容忍"理念的提出，既鲜明展示了惩治腐败的决心和顽强意志，也是对党的十八大以来的反腐败实践的生动诠释。

第二，法治反腐是党的十八大以来反腐败斗争的重大亮点。党的十八届四中全会通过的《中共中央关于全面推进依法治国若干重大问题的决定》，开启了中国法治建设的新时代。报告指出："加快推进反腐败国家立法，完善惩治和预防腐败体系，形成不敢腐、不能腐、不想腐的有效机制，坚决遏制和预防腐败现象。完善惩治贪污贿赂犯罪法律制度，把贿赂犯罪对象由财物扩大为财物和其他财产性利益。"按照部署，2018 年 3 月 20 日，第十三届全国人民代表大会第一次会议表决通过了《中华人民共和国监察法》，这是以法治思维和法治方式反对腐败的重大举措，它将实践证明行之有效的措施写入法律，用留置取代"两规"措施，解决长期困扰我们的法治难题。通过《〈刑法〉修正案（九）》，对贪污贿赂犯罪刑事立法作出重大修正，改变了以前单纯依犯罪数额定罪的做法，以"数额犯"+"情节犯"的设置取而代之，使定罪量刑标准更加科学。与依法治国、依法反腐同步，依规治党也在加快推进，制定或修订了《中国共产党党务公开条例（试行）》《中国共产党巡视工作条例》《关于新形势下党内政治生活的若干准则》《中国共产党党内监督条例》《中国共产党纪律检查机关监督执纪工作规则（试行）》《中国共产党廉洁自律准则》《中国共产党纪律处分条例》《中国共产党问责条例》《中国共产党工作机关条例（试行）》等一系列重要党内法规，为"把权力关进制度的笼子里"提供了基础。

第三，反腐败机制保障不断完善，制度执行由"软"变"硬"。党的十八大以来，为推进全面从严治党，在反腐败顶层设计方面有许多创新性举措。其中比较突出的，一是推进"两个责任"——全面从严治党的主体责任与监督责任。主体责任是政治责任，是深入推进党风廉政建设的"牛鼻子"。此前，许多党组织履行主体责任不到位，有些党委书记怕得罪人，对眼皮底下的"四风"和腐败问题，睁一只眼闭一只眼，得过且过；有些党委书记对下属单位党风廉政建设情况知之甚少、不管不问，甚至捂着盖着，搞歌舞升平，导致问题由小变大、由少变多，甚至成了区域性、系统性问题；有些党委书记在任用干部时当仁不让，而干部一出问题，就认为那是纪委该管的事情。通过强化主体责任，强调权力就是责任、责任就要担当，形成全党动手一起抓的局面。二是推进"两个全覆盖"——巡视全覆盖和派驻全覆盖。党的十八大后，面对依然严峻复杂的形势，党中央加强对巡视工作的领导，决定实现巡视全覆盖，剑指问题，做一次"全面体检"。每一轮要巡视谁、巡视什么内容，都是由中央决定。中央巡视组背负着中央的信任和权威，也敢于动真碰硬，当好党中央的"千里眼""顺风耳""侦察兵"。过去，中央纪委没有向党的工作部门派出纪检组，也没有向人大、政协机关派驻，留下了不少监督空白，有些监督空白恰恰是在要害部门。按照全面从严治党的要求，中央加快推进派驻全覆盖，实现了对中央一级党和国家机关的派驻全覆盖。三是深入推进国家监察体制改革。为整合反腐败资源和力量，扩大监察范围，丰富监察手段，实现对行使公权力的公职人员监察的全面覆盖，建立集中统一、权威高效的监察体系，2016 年 11 月 7 日，中共中央办公厅印发《关于在北京市、山西省、浙江省开展国家监察体制改革试点方案》，部署在 3 省市设立各级监察委员会。在试点基础上，2017 年 10 月 29 日，中共中央办公厅印发《关于在全国各地推开国家监察体制改革试点方案》，部署在全国范围内深化国家监察体制改革的探索实践，完成省、市、县三级监察委员会的组建工作。2018 年 3 月 23 日，中华人民共和国国家监察委员会在北京揭牌，成为我国纪检监察史上的新里程碑，为推动反腐败向纵深发展提供更加有力的制度保障与组织保障。

中国反腐败新格局的逐渐形成，彰显了党和国家治理腐败能力的显著提升，也让先前一些怀疑中国的反腐败能否持续下去的境外人士，转而发出要注意学习借鉴中国反腐败经验的声音。对腐败分子而言，这意味着什么呢？意味着腐败风险低、收益高的时代将一去不复返。在反腐败新格局下，腐败分子被揭露、被惩治的风险已极大提高。

三、反腐败新体制带来哪些新变化

监察体制改革可以说是党的十八大以来最重要的政治体制改革。国家监察委员会成立以后，由全国人大产生的权力机关，从先前的国务院、最高人民法院、最高人民检察院，即"一府两院"，变成了现在的国务院、国家监察委员会、最高人民法院、最高人民检察院，即"一府一委两院"。深化监察体制改革的目的，是强化党对监察工作的集中统一领导，对所有公职人员行使公权力的情况进行监督，促使国家公职人员依法履职、秉公用权。国家监察委员会的闪亮登台，必将推进我国腐败治理体系与治理能力现代化的进程，加速形成我国反腐倡廉的新格局。

（一）扩大了监察范围

改革之前，监察主要是指行政监察，监察对象局限于行政机关及其工作人员，中国共产党机关、国有企业、事业单位、人民团体中从事公务的人员，都不属于行政监察的对象。可见，过去的监察，监督的只是"狭义政府"。王岐山同志曾说："中国历史传统中，'政府'历来是广义的，承担着无限责任。党的机关、人大机关、行政机关、政协机关以及法院和检察院，在广大群众眼里都是政府。"这次改革，将监察范围由"狭义政府"变为"广义政府"，实现对所有行使公权力的公职人员全覆盖，填补了许多的空白。

根据《监察法》的规定，监察机关对下列公职人员和有关人员进行监察：（1）中国共产党机关、人民代表大会及其常务委员会机关、人民政府、监察委员会、人民法院、人民检察院、中国人民政治协商会议各级委员会机关、民主党派机关和工商业联合会机关的公务员，以及参照《公务员法》管理的人员；（2）法律、法规授权或者受国家机关依法委托管理公共事务的组织中从事公务的人员；（3）国有企业管理人员；（4）公办的教育、科研、文化、医疗卫生、体育等单位中从事管理的人员；（5）基层群众性自治组织中从事管理的人员；（6）其他依法履行公职的人员。

改革前，要查处监察范围之外的人员（如非行政机关任命的国有企业管理人员）是比较困难的。改革后，公职人员和有关人员都被纳入了《监察法》的统一管辖之中，执行相同的监察标准，受到相同的制度约束。浙江省舟山市定海区城市建设投资开发有限公司（以下简称城投公司）原总工程师徐某增案件的查处，就很具有代表性。

"我就像一匹脱缰的野马，任意放纵无所拘束……"徐某增在忏悔书里这样写道。

2012 年 9 月，徐某增被聘为城投公司总工程师，负责所有工程项目的招投标等前期事项及工程技术问题。2012 年 9 月至 2017 年 9 月，他先后收取了城投公司业务承包商以各种形式赠送的财物，共计 60 余万元。此外，徐某增还先后以其亲属等人名义成立三家监理公司，通过串标、陪标等方式，使这三家监理公司多次从城投公司承接监理业务，赚取大量利润。为了保护自己的"一亩三分地"不被监管，徐某增在 2012 年下半年至 2015 年年底，以"分红款""工资""奖金"等名义拉拢其顶头上司——定海区盐仓街道办事处原副主任、盐仓商贸建设开发管委会原副主任沈某伍。为了掩盖行贿受贿事实，徐、沈二人还以他人名义签订了"投资入股协议"，假造了工资清单。二人自以为神不知鬼不觉，但随着定海区委巡察工作的启动，盐仓街道及下属城投公司列入巡察对象，徐某增的相关问题线索逐渐浮出水面。2017 年 10 月，区纪委监委对徐某增的相关问题线索进行立案调查；11 月，对其采取留置措施。2018 年 1 月，徐某增被解聘，因涉嫌受贿犯罪问题被移送司法机关处理。

徐某增曾经的同事说："作为一名国企管理人员，现在我们已经明确被列入监察范围之内，再也不敢有侥幸心理了。"

（二）整合了监督力量

如何整合反腐败资源与力量，是监察体制改革的关键问题。

改革前，我国惩治和预防腐败体系包括：党的纪律检查机关、监察机关、检察机关中的反贪反渎和预防腐败机构以及审计机关等行政监督机构，它们分布于不同属性的机构中，有的属于党的机关，有的属于行政机关，有的属于司法机关。实践中，存在力量分散、职责重叠、重复劳动、效率不高等问题。

改革后，各级行政监察机关和检察机关反贪、反渎、预防腐败部门以及国务院直属机构国家预防腐败局一起整合到国家监察委员会，有利于攥紧拳头、集中力量、统一指挥，更加有效地使原本分散的监督力量由"物理融合"产生"化学反应"，真正构建起集中统一、权威高效的反腐败机构。

从工作手段看，各级纪委与监委合署办公，纪委监委既有查处违反党纪政纪案件的手段，又有惩治违法犯罪的权力，从而有效解决了此前难以解决的党纪国法衔接不畅的问题，即在违纪和犯罪之间存在监管空白地带——犯罪有人管、违纪无人问，从而从机制上消除了先前那种"昨天还是党的好干部，今天就变成了阶下囚"的尴尬现象。

从工作效率看，改革前，对于涉嫌职务犯罪案件，纪委在执纪审查后，将案卷材料移送检察机关反贪部门，反贪部门进行证据转换等加工，再移送审查起诉；改革后，根据《监察法》的规定，"对涉嫌职务犯罪的，监察机关经调查认为犯罪事实清楚，证据确实、充分的，制作起诉意见书，连同案卷材料、证据一并移送人民检察院依法审查、提起公诉"。这实际上是把移送审查起诉前的工作都纳入纪委监委内部完成，大大提高了反腐效率。据"南粤清风网"报道：2018年2月8日，广东省汕头市纪委市监委将金平区房管所所长蔡某水、副所长赵某忠涉嫌职务犯罪案件移送检察机关审查起诉。该案件系汕头市监委成立后所立的第一宗案件，同时也是该市首宗对被调查人采取留置措施的案件。从2018年1月18日立案到移送检察机关审查起诉，全程仅用了15个工作日。

（三）丰富了调查措施

改革前，纪委执纪审查工作主要依赖"两规"措施。改革后，《监察法》不仅赋予了监察机关"留置"的权力，而且还有更丰富的为反腐败所需要的其他措施。

根据《监察法》第18条至第30条的规定，监察机关有权采取下列监察措施：

（1）依法向有关单位和个人了解情况，收集、调取证据；

（2）直接或者委托有关机关、人员进行谈话或者要求说明情况；

（3）要求涉嫌职务违法的被调查人作出陈述；

（4）讯问涉嫌贪污贿赂、失职渎职等职务犯罪的被调查人；

（5）询问证人；

（6）留置；

（7）查询、冻结涉案单位和个人的存款、汇款、债券、股票、基金份额等财产；

（8）对涉嫌职务犯罪的被调查人以及可能隐藏被调查人或者犯罪证据的人的身体、物品、住处和其他有关地方进行搜查；

（9）调取、查封、扣押用以证明被调查人涉嫌违法犯罪的财物、文件和电子数据等信息；

（10）直接或者指派、聘请具有专门知识、资格的人员在调查人员主持下进行勘验检查；

（11）对于案件中的专门性问题，可以指派、聘请有专门知识的人进行鉴定；

（12）采取技术调查措施；

（13）决定在本行政区域内通缉；

（14）限制出境。

实践中腐败案件多发频发，固然有深刻的社会原因，但因查缉手段不足难以有效揭露和查证腐败行径，则是导致法纪威慑力不足和犯罪成本较低的重要原因。运用上述一系列监察措施，打出查处职务违法职务犯罪的"组合拳"，必将大幅提升纪委监委的办案效率，腐败被及时发现、查处的概率将会比先前任何时候都要高。特别是随着大数据技术的运用，科技反腐方兴未艾，为纪检监察机关拓展了新的反腐手段。

案例一：利用大数据防范购物卡行贿犯罪

2016年，某检察机关运用职务犯罪风险防控系统，对本市区30多家商场4年来开出的消费发票数据进行分析，排查了 83 家党政机关、企事业单位、人民团体在这些商场的消费数据。通过对采购数量、发票号码、开票时间等因素的分析，发现了一些单位异常的消费规律，如采购量巨大、年底及"两节"期间采购密集、采购项目化整为零、采购价格偏高等问题；再通过事先设定的腐败预警规则，甄别出具有廉政风险的单位 30 家。

案例二：利用大数据抓住扶贫领域"蛀虫"

湖南省麻阳县弄里村原党支部书记符某怎么也不会想到，享受扶贫补助的女儿在县城买房子和轿车的事，竟被"互联网＋监督"平台"逮"着了。这得益于湖南省建立的横向到边、纵向到底的大数据监督网络，该平台门户网站运行半年来，已排查出贫困人口识别不精准问题线索 16948 条。据该县纪委监委有关同志介绍，把符某的姓名、房产、购车、易地扶贫搬迁等信息放在系统里一比对，就可以看到他的数据信息。

案例三：利用大数据看住民生资金

围绕"钱从哪里来、花到哪里去、干了什么事、效果怎么样、有没有问题"这条主线，贵州省纪委监委建立了民生资金监督系统，并于 2017 年 10 月上线运行。该系统不仅引入了公职人员的个人信息、工商数据、死亡数据、房产信息异常分析等 10 个比对模型，还打通了与民政、人社、住建、卫计等主管部门的数据共享信息壁垒，能够快速筛查并锁定问题线索。贵州省安顺市西秀区七眼桥镇九龙屯村村民薛某某无意间在村口的民生资金监督终端机上查询发现，自己享受的危房改造补助款是12300元，可实际到手11800元。薛某某随手通过系统发出了举报信息。不久，他就收到了镇纪委答复——村委会会计张某某克扣22户村民危房改造补助款共计15800元。

四、《刑法》修正是否导致腐败成本更低

反腐败刑事法治建设也在不断进步。领导干部需要重点关注的一项刑事立法就是《〈刑法〉修正案（九）》的出台。

2015 年 8 月 29 日，第十二届全国人大常委会第十六次会议表决通过《〈刑法〉修正案（九）》。其中，贪污罪、受贿罪的入罪数额门槛由原来的 5000 元人民币，改为一般情况下 3 万元人民币。许多人由此认为，这放纵了腐败。这是"一叶障目，不见泰山"，没有全面、准确认识修正案的内容。

（一）贪污贿赂罪修正的主要内容

一是修改贪污受贿犯罪的定罪量刑标准。修正前，《刑法》对贪污受贿犯罪的定罪量刑标准规定了具体数额，且主要依据数额定罪：（1）个人贪污受贿数额不满 5000 元，情节较重的，处二年以下有期徒刑或者拘役；情节较轻的，由其所在单位或者上级主管机关酌情给予行政处分。（2）个人贪污贿赂数额在 5000 元以上不满 5 万元的，处一年以上七年以下有期徒刑；情节严重的，处七

年以上十年以下有期徒刑。个人贪污、受贿数额在 5000 元以上不满 1 万元，犯罪后有悔改表现、积极退赃的，可以减轻处罚或者免予刑事处罚，由其所在单位或者上级主管机关给予行政处分。（3）个人贪污受贿数额在 5 万元以上不满 10 万元的，处五年以上有期徒刑，可以并处没收财产；情节特别严重的，处无期徒刑，并处没收财产。（4）个人贪污受贿数额在 10 万元以上的，处十年以上有期徒刑或者无期徒刑，可以并处没收财产；情节特别严重的，处死刑，并处没收财产。

此次修正《刑法》，删去了对贪污罪、受贿罪规定的具体数额，原则性规定数额较大或者情节较重、数额巨大或者情节严重、数额特别巨大或者情节特别严重三种情况，相应规定三档刑罚，对数额特别巨大并使国家和人民利益遭受特别重大损失的，保留适用死刑。根据《最高人民法院、最高人民检察院关于办理贪污贿赂刑事案件适用法律若干问题的解释》，贪污或者受贿数额在 3 万元以上不满 20 万元的，认定为"数额较大"；20 万元以上不满 300 万元的，认定为"数额巨大"；300 万元以上的，认定为"数额特别巨大"。但数额并不是唯一的定罪量刑标准。对于什么是情节较重、情节严重以及情节特别严重，该《解释》也作出了明确规定。

二是加大对行贿犯罪的处罚力度。（1）完善行贿犯罪的财产刑规定。修正前，《刑法》对行贿罪、对单位行贿罪、介绍贿赂罪、单位行贿罪，没有规定财产刑。考虑到行贿类犯罪是明显的贪利型犯罪，修正案对行贿类犯罪均配置了罚金刑，使犯罪分子在受到人身处罚的同时，在经济上也得不到好处。（2）进一步严格对行贿罪从宽处罚的条件。修正前，《刑法》规定"行贿人在被追诉前主动交待行贿行为的，可以减轻处罚或者免除处罚"。修正后，改为"行贿人在被追诉前主动交待行贿行为的，可以从轻或者减轻处罚。其中，犯罪较轻的，对侦破重大案件起关键作用的，或者有其他重大立功表现的，可以减轻或者免除处罚"。之所以作出该修正，是因为此前许多行贿人未得到严格的惩治，受贿人身陷囹圄而行贿人逍遥法外的现象屡见不鲜。笔者曾统计中国裁判文书网公布的 2007 年至 2015 年行贿类案件一审判决，案件总数 2634 件，其中免予刑事处罚、缓刑的判决总数 1947 件，占比 73.9%。修正后，行贿人享受从宽处罚的条件（特别是免除处罚）受到限制。（3）进一步严密惩治行贿犯罪的法网，增加对有影响力的人行贿罪，作为利用影响力受贿罪的对合罪名。

（二）《刑法》修正后腐败成本更低了吗

从表面上看，贪污受贿罪的入罪门槛更高了（由 5000 元变成 3 万元），刑事处罚更轻了（设立了终身监禁制度，基本上不会再对贪污受贿犯罪分子判处死刑了）。实际上，对此需要辩证地看待。

一是在调高起刑点的同时，增加了定罪的标准，使追诉更加便利。《刑法》的威慑力，不在于刑罚的严厉性，而在于刑罚的及时性和不可避免性。马克思说："资本如果有百分之五十的利润，它就会铤而走险，如果有百分之百的利润，它就敢践踏人间一切法律，如果有百分之三百的利润，它就敢犯下任何罪行，甚至冒着被绞死的危险。"腐败犯罪分子作为理性经济人，也要权衡腐败的成本和收益，如果腐败行为被惩处的可能性较低，即使处罚比较重，也难以遏制其腐败的欲望；相反，如果腐败行为被惩处的可能性较高，即使处罚较轻，也将有效抑制其腐败的冲动。此次《刑法》修正前，贪污罪、受贿罪的起刑点虽然较低（5000元），但在司法实践中，真正因贪污或受贿5000元被判刑的公职人员并不多，法定起刑点名存实亡，有损《刑法》的威严与司法的严肃性。另外，单纯以数额为标准定罪，是1988年全国人大常委会根据当时惩治贪污贿赂犯罪的实际需要和司法机关的要求作出的规定，时过境迁，目前已不合时宜。从司法实践看，贪污受贿犯罪情节差别很大，情况复杂，单纯考虑数额难以全面反映个罪的社会危害性；同时，数额规定过死则难以根据案件的不同情况做到罪责刑相适应。《刑法》修正后，将一般情况下贪污罪、受贿罪（数额犯）的起刑点调整至3万元，是在强调纪在法前、"零容忍"、有错必究的大背景下而做的修改，也符合经济社会发展的现实。同时，《刑法》修正后，数额不再是唯一的衡量标准，对于犯罪数额虽然未达到3万元但情节较重的，同样可以追究刑事责任。这实际上扩大了追诉的范围。

二是丰富了刑罚手段，加重了腐败犯罪成本。除了完善贪污罪、受贿罪和行贿类犯罪的设置，修正案还完善了对贪污罪、受贿罪的刑罚制度，加重了腐败的不利后果。（1）设立职业禁止。根据修正案的规定，因利用职业便利实施犯罪，或者实施违背职业要求的特定义务的犯罪被判处刑罚的，人民法院可以根据犯罪情况和预防再犯罪的需要，禁止其自刑罚执行完毕之日或者假释之日起从事相关职业，期限为三年至五年。这意味着，今后公职人员利用职务便利贪污受贿，即使在刑罚执行完毕后，也要承受不得从事职业活动的痛苦。（2）设立终身监禁。这是为了在"严惩贪官"与"慎用死刑"之间实现平衡、兼顾而设立的刑罚制度。修正案规定，犯贪污罪、受贿罪，数额特别巨大，并使国家和人民利益遭受特别重大损失的，被判处死刑缓期执行的，人民法院根据犯罪情节等情况可以同时决定在其死刑缓期执行两年期满依法减为无期徒刑后，终身监禁，不得减刑、假释。而先前，被判处死刑缓期执行的犯罪分子，两年缓期期满后可减为无期徒刑，再经过减刑、假释，往往是能提前释放的。但终身监禁制度设立后，这一类被判处死刑缓期执行的腐败分子，将面临把牢底坐穿的悲惨结局。

2016年10月9日上午，河南省安阳市中级人民法院公开宣判，全国人大环境与资源保护委员会原副主任、云南省委原书记白某培一审被判死刑，缓期两年执行，在其死刑缓期执行两年期满依法减为无期徒刑后，终身监禁，不得减刑、假释。白某培因此被称为"终身监禁第一人"。

综上，领导干部不要错误地认为此次《刑法》修正，释放了腐败从宽处理的信号，更不能错误地认为只要贪污或受贿29999元就是无罪的。修改贪污罪、受贿罪的定罪量刑标准，是党的十八大以来根据经济社会发展和反腐败的现实需要而做出的科学决策，旨在强调有腐必惩、纪法衔接，形成更加严密的法网，切实提高反腐败的效率。

五、哪些反腐败政策、规定需要掌握

党的十八大以来，出台了很多反腐败的政策、规定，对于公职人员尤其是领导干部而言，了解、熟悉这些规定，明确党纪、政纪与国法的界限，对于防止触犯红线具有重要意义。

（一）"三类人"

"三类人"，这是针对问题线索反映对象而言的。2014年5月，时任中央纪委书记的王岐山与部分中央国家机关和中央企业、国有金融机构负责同志座谈。他强调，对反映干部的问题线索要认真清理、分类处置，处理好"树木"与"森林"的关系，重点查处不收敛不收手，问题线索反映集中、群众反映强烈，现在重要岗位且可能还要提拔使用的党员干部，形成有力震慑。2016年10月发布的《中国共产党党内监督条例》第三十二条规定："依规依纪进行执纪审查，重点审查不收敛不收手，问题线索反映集中、群众反映强烈，现在重要岗位且可能还要提拔使用的领导干部，三类情况同时具备的是重中之重……"

　　突出执纪审查的重点，以点促面，是一项重要的反腐败策略。反腐败的资源总是有限的，只有突出重点，才能取得最大的综合成果。"不收敛不收手的领导干部"属于其中之一，是因为这直接涉及腐败增量，属于党的十八大以后顶风违纪，当然要成为执纪审查的重点。"问题线索反映集中、群众反映强烈的领导干部"属于其中之二，即使他们在党的十八大以后没有新的违纪违法行为，但是因为他们先前的违纪违法问题性质、情节较重，群众反映多，也不能轻易放过。"现在重要岗位且可能还要提拔使用的领导干部"属于其中之三，这直接涉及干部"带病提拔"问题。如果这三种情况同时具备，并且政治腐败和经济腐败相互交织的，更是重中之重。党的十八大乃至十九大以来查处的高级领导干部，一般都有一个共同特点，即不收敛、不收手，而且作为"60后"中管干部，落马前都在重要领导岗位且可能进一步提拔重用。

　　中宣部原副部长鲁某，1960年1月出生，2004年任新华社副社长，跻身副部级，成为高级领导干部；2011年3月，转任中共北京市委常委、宣传部部长，北京市副市长；2013年4月，被提拔为国家互联网信息办公室主任兼中央外宣办、国务院新闻办副主任；2014年5月，任中宣部副部长、中央网络安全和信息化领导小组办公室主任、国家互联网信息办公室主任等职务，可谓位高权重。经查，鲁某严重违反政治纪律和政治规矩，阳奉阴违、欺骗中央，目无规矩、肆意妄为，妄议中央，干扰中央巡视，野心膨胀，公器私用，不择手段为个人造势，品行恶劣、匿名诬告他人，拉帮结派、搞"小圈子"；严重违反中央八项规定精神和群众纪律，频繁出入私人会所，大搞特权，作风粗暴、专横跋扈；违反组织纪律，组织谈话函询时不如实说明问题；违反廉洁纪律，以权谋私，收钱敛财；违反工作纪律，对中央关于网信工作的战略部署搞选择性执行；以权谋色、毫无廉耻；利用职务上的便利为他人谋取利益并收受巨额财物涉嫌受贿犯罪。经研究决定，鲁某受到开除党籍、开除公职处分，违纪所得被收缴，涉嫌犯罪问题、线索及所涉款物被移送有关国家机关依法处理。通报指出，该案例是党的十八大后不收敛、不知止，问题严重集中，群众反映强烈，政治问题与经济问题相互交织的典型，性质十分恶劣、情节特别严重。

党的十九大闭幕不满一个月，中央宣传部原副部长鲁某就被拿下，这释放了一个强烈信号：谁不收敛不收手，反腐败的利剑就会砍向谁。

（二）六项纪律

六项纪律，是指《中国共产党纪律处分条例》分则所规定的六类违纪行为及其处分。这些违纪行为，都是党员干部不能触碰的红线。一旦触犯，轻则警告，重则面临开除党籍的严重后果。然而实践中，一些党员干部对《中国共产党纪律处分条例》的基本内容没有掌握，等到出了问题受到处分时，还怪组织事前没有提醒。

1. 政治纪律。习近平总书记强调，严明党的纪律，首要的就是严明政治纪律；党的纪律是刚性约束，政治纪律更是全党在政治方向、政治立场、政治言论、政治行动方面必须遵守的刚性约束。有些党员干部认为政治纪律的要求离自己很远，只要不叛党、不分裂党，就不会违反政治纪律。其实，政治纪律的要求就体现在党员干部的日常行为中。比如，从国（境）外携带反动书刊、音像制品、电子读物入境的；在涉外活动中，其行为在政治上造成恶劣影响，损害国家尊严的；非法出境或滞留国外不归的，都属于违反政治纪律。

2. 组织纪律。违反组织纪律的行为面广量多，涉及以下 25 类情形，领导干部在履职过程中必须高度注意：

（1）违反民主集中制原则，拒不执行或者擅自改变党组织作出的重大决定，或者违反议事规则，个人或者少数人决定重大问题的，或者故意规避集体决策，决定重大事项、重要干部任免、重要项目安排和大额资金使用的，或者借集体决策名义集体违规的；

（2）下级党组织拒不执行或者擅自改变上级党组织决定的；

（3）拒不执行党组织的分配、调动、交流等决定的；

（4）违反个人有关事项报告规定，隐瞒不报，或者在组织进行谈话、函询时，不如实向组织说明问题，或者不按要求报告／不如实报告个人去向，或者不如实填报个人档案资料，情节较重的；

（5）篡改、伪造个人档案资料的；

（6）隐瞒入党前严重错误的；

（7）党员领导干部违反有关规定组织、参加自发成立的老乡会、校友会、战友会等，情节严重的；

（8）在民主推荐、民主测评、组织考察和党内选举中搞拉票、助选等非组织活动的；

（9）在法律规定的投票、选举活动中违背组织原则搞非组织活动，组织、怂恿、诱使他人投票、表决，或者在选举中进行其他违反党章、其他党内法规和有关章程活动的；

（10）搞有组织的拉票贿选，或者用公款拉票贿选的；

（11）在干部选拔任用工作中，有任人唯亲、排斥异己、封官许愿、说情干预、跑官要官、突击提拔或者调整干部等违反干部选拔任用规定行为，或者用人失察失误造成严重后果的；

（12）在干部、职工的录用、考核、职务晋升、职称评定和征兵、安置复转军人等工作中，隐瞒、歪曲事实真相，或者利用职权或者职务上的影响违反有关规定为本人或者其他人谋取利益的；

（13）弄虚作假，骗取职务、职级、职称、待遇、资格、学历、学位、荣誉或者其他利益的；

（14）侵犯党员的表决权、选举权和被选举权，情节较重，或者以强迫、威胁、欺骗、拉拢等手段，妨害党员自主行使表决权、选举权和被选举权的；

（15）对批评、检举、控告进行阻挠、压制，或者将批评、检举、控告材料私自扣压、销毁，或者故意将其泄露给他人的；

（16）对党员的申辩、辩护、作证等进行压制，造成不良后果的；

（17）压制党员申诉，或者有其他侵犯党员权利行为，造成不良后果的；

（18）对批评人、检举人、控告人、证人及其他人员打击报复的；

（19）违反党章和其他党内法规的规定，采取弄虚作假或者其他手段把不符合党员条件的人发展为党员，或者为非党员出具党员身份证明的；

（20）违反有关规定程序发展党员的；

（21）违反有关规定取得外国国籍或者获取国（境）外永久居留资格、长期居留许可的；

（22）违反有关规定办理因私出国（境）证件、前往港澳通行证，或者未经批准出入国（边）境的；

（23）驻外机构或者临时出国（境）团（组）中的党员擅自脱离组织，或者从事外事、机要、军事等工作的党员违反有关规定同国（境）外机构、人员联系和交往的；

（24）驻外机构或者临时出国（境）团（组）中的党员，脱离组织出走时间不满六个月又自动回归的；

（25）故意为他人脱离组织出走提供方便条件的。

需要指出的是，上述违纪行为类型中，大部分一经实施即构成违纪，并不要求情节较重或造成实际后果，因而可称之为"行为犯"。因此，纪律作风无小事，党员干部须谨记"勿以恶小而为之"。

3. 廉洁纪律。这一部分是仅凭朴素的纪律观念就应该意识到的内容。主要包括：以权谋私，权权交易，收受或赠送礼品礼金，借机敛财，违规从事营利活动，违规兼职，谋取特殊待遇，违规占用或出借公物，违规用公款支付宴请等高消费娱乐活动，自定薪酬或滥发津补贴，公款旅游，大吃大喝，违反办公用房或公务用车规定，权色交易等。

需要注意的是，为了与《刑法》中的贪污贿赂犯罪相区分，《中国共产党纪律处分条例》规定的违反廉洁纪律行为属于犯罪行为之外的违规行为。党组织在纪律审查中发现党员有贪污贿赂等《刑法》规定的行为涉嫌犯罪的，则应当给予撤销党内职务、留党察看或者开除党籍处分。

4. 群众纪律。违反群众纪律容易发生在基层党员干部与群众的日常工作接触过程中，许多可以归为"发生在群众身边的腐败问题"。比如，超标准、超范围向群众筹资筹劳、摊派费用，加重群众负担的；违反有关规定扣留、收缴群众款物或者处罚群众的；克扣群众财物，或者违反有关规定拖欠群众钱款的；在管理、服务活动中违反有关规定收取费用的；在办理涉及群众事务时刁难群众、吃拿卡要的；干涉群众生产经营自主权的；在社会保障、政策扶持、扶贫脱贫、救灾救济款物分配等事项中优亲厚友、明显有失公平的；对涉及群众生产、生活等切身利益的问题依照政策或者有关规定能解决而不及时解决，庸懒无为、效率低下，造成不良影响的；对符合政策的群众诉求消极应付、推诿扯皮，损害党群、干群关系的；对待群众态度恶劣、简单粗暴，造成不良影响的；弄虚作假，欺上瞒下，损害群众利益的；盲目举债、铺摊子、上项目，搞劳民伤财的"形象工程""政绩工程"，致使国家、集体或者群众财产和利益遭受较大损失的；遇到国家财产和群众生命财产受到严重威胁时，能救而不救，情节较重的；不按照规定公开党务、政务、厂务、村（居）务等，侵犯群众知情权等。

违反群众纪律的行为，破坏了党群干群关系，损害了党和政府的形象，也是各级纪委执纪审查的重点。

5.工作纪律。工作纪律主要涉及党组织或党员领导干部在工作中滥用职权或失职渎职的情形。比如，贯彻党中央决策部署只表态不落实，造成严重不良影响的；在上级检查、视察工作或者向上级汇报、报告工作时对应当报告的事项不报告或者不如实报告，造成严重损害或者严重不良影响的；党员领导干部违反有关规定干预和插手市场经济活动的；党员领导干部违反有关规定干预和插手司法活动、执纪执法活动，向有关地方或者部门打听案情、打招呼、说情，或者以其他方式对司法活动、执纪执法活动施加影响的；在党的纪律检查、组织、宣传、统一战线工作以及机关工作等其他工作中，不履行或者不正确履行职责，造成损失或者不良影响的；等等。

与违反廉洁纪律行为一样，党组织在纪律审查中发现党员有失职渎职等《刑法》规定的行为涉嫌犯罪的，应当给予撤销党内职务、留党察看或者开除党籍处分。

6.生活纪律。包括生活奢靡、贪图享乐、追求低级趣味，造成不良影响的；与他人发生不正当性关系，造成不良影响的；利用职权、教养关系、从属关系或者其他相类似关系与他人发生性关系的；党员领导干部不重视家风建设，对配偶、子女及其配偶失管失教，造成不良影响或者严重后果的；违背社会公序良俗，在公共场所有不当行为，造成不良影响的；有其他严重违反社会公德、家庭美德行为的。

以上六项纪律，党员干部务必牢记，列为自身行为的负面清单，触犯其中任何一项，均有可能带来严重后果。然而现实中，总有人对这六项纪律项项违反，因而成为反面典型。内蒙古乌兰察布市市委常委杨某某就是其中之一。

　　杨某某系乌兰察布市市委常委、原集宁区委书记。经查，杨某某违反政治纪律，转移、隐匿违纪违法所得，订立攻守同盟，对抗组织审查；违反中央八项规定精神，公车私用；违反组织纪律，不如实申报个人事项，在干部选拔任用方面为他人谋取利益，收受他人财物；违反廉洁纪律，收受管理对象和下属礼金、礼品，利用职权安排亲属"吃空饷"、为亲属营利活动提供便利，搞权色交易；违反群众纪律，对涉及群众切身利益问题能解决而不解决；违反工作纪律，不传达贯彻党和国家的方针政策；违反生活纪律，与他人发生不正当性关系，损害党的形象；违反国家法律法规规定，为他人谋取利益，收受他人巨额财物；其家庭财产和支出明显超过合法收入，数额特别巨大。其中，利用职务上的便利为他人谋取利益并收受他人巨额财物、巨额财产来源不明问题涉嫌犯罪。杨某某对六项纪律项项违反，受到严肃处理，被开除党籍、开除公职，收缴其违纪所得，对其涉嫌受贿和巨额财产来源不明犯罪问题移送检察机关提起公诉。

（三）"七个有之"

"七个有之"，是习近平同志在党的十八届四中全会上指出的无视政治纪律和政治规矩的七个方面的突出问题。习近平同志强调："一些人无视党的政治纪律和政治规矩，为了自己的所谓仕途，为了自己的所谓影响力，搞任人唯亲、排斥异己的有之，搞团团伙伙、拉帮结派的有之，搞匿名诬告、制造谣言的有之，搞收买人心、拉动选票的有之，搞封官许愿、弹冠相庆的有之，搞自行其是、阳奉阴违的有之，搞尾大不掉、妄议中央的也有之。如此等等。有的人已经到了肆无忌惮、胆大妄为的地步！而这些问题往往没有引起一些地方和部门党组织的注意，发现了问题也没有上升到党纪国法高度来认识和处理。这是不对的，必须加以纠正。"

"七个有之"，具有很强的现实针对性，意义很深，分量也很重。意在告诫党员干部特别是领导干部务必站稳政治立场，坚守政治方向。"七个有之"是领导干部的大忌，是封建文化在现代社会的变种。在中国人情社会土壤的培育下，结党营私、团团伙伙、拉帮结派总是有它的市场，对于一些领导干部也有诱惑力。2016年3月，中央纪委发布广东省委原常委、珠海市委原书记李某被开除党籍和公职的消息，通报批评其阳奉阴违、结党营私、拉帮结派。在我党历史上，也曾出现过这样的人、发生过这样的事，教训十分沉重。因此，领导干部要经常检视自己的言行，防止在这方面重蹈覆辙。

（四）八项规定

2012年12月4日，中共中央政治局召开会议，审议通过中央政治局关于改进工作作风、密切联系群众的八项规定。八项规定的主要内容包括：改进调查研究、精简会议活动、精简文件简报、规范出访活动、改进警卫工作、改进新闻报道、严格文稿发表、厉行勤俭节约。八项规定是一个切入口和动员令，党中央从落实八项规定精神破题，以上率下，率先垂范，严肃查处和曝光典型案件，形成高压态势。各地认真贯彻落实八项规定精神，也结合实际制定了具体细化措施。在神州大地上荡涤起一股激浊扬清的净化之风，刹住了一些曾被认为难以刹住的歪风邪气，攻克了一些曾被认为司空见惯的顽瘴痼疾，赢得了人民群众的衷心拥护，使党风、政风、社风、民风为之一新。八项规定也由此成为十八届中央政治局抓全面从严治党的亮丽名片。

党的十九大以后，中央推动八项规定精神落实的劲头持续保持，强调贯彻执行中央八项规定是关系我们党会不会脱离群众，能不能长期执政、能不能很好履行执政使命的大问题。2017年10月27日，党的十九大刚刚结束不久，中央政治局召开会议，审议了《中共中央政治局贯彻落实中央八项规定的实施细则》。修订后的实施细则，贯彻落实党的十九大对党的作风建设的新部署、新要求，坚持问题导向，根据这几年中央八项规定实施过程中遇到的新情况、新问题，着重对改进调查研究、精简会议活动、精简文件简报、规范出访活动、改进新闻报道、厉行勤俭节约等方面内容作了进一步规范、细化和完善。各级领导干部要充分认识党中央狠抓八项规定精神落实的决心，千万不能认为八项规定精神管的是小事琐事，如果思想麻痹、冲撞红线，必将受到严肃问责。

违规操办婚丧嫁娶宴席　2018年2月13日，四川省遂宁市大英县河边镇某村党支部书记王某某为儿子举办结婚宴，共办宴席29桌，违规收受了该村低保户、贫困户、五保户共12户村民所送礼金共计2200元。在组织调查前，王某某主动退还了违规收受的礼金。王某某受到党内严重警告处分。

违规组织公款吃喝　2018年1月14日至2月7日，湖北省武汉市江汉区某街道党工委原副书记、办事处原主任易某某，在担任某街道办事处主任、某房屋征收指挥部指挥长期间，先后组织私人朋友和区内其他单位人员在该指挥部食堂违规宴请、聚餐10次，用公款赠送礼品礼金，折合金额共计1万余元。易某某受到撤销党内职务、行政撤职处分，其他责任人受到相应处理。

违规收受礼品礼金 2017年6月至2018年2月，湖南省株洲市某集团原党委副书记、董事长廖某，先后收受可能影响公正执行公务的礼金2笔共8000元、购物卡3次7张面值共7000元、高档香烟17条、高档女包1个，均未按规定登记、上交。此外，廖某还超标准配备、使用办公用房。廖某受到撤销党内职务处分，违规收受的礼品、礼金、购物卡等被收缴。

六、哪些行为容易触碰法纪红线

犯罪的发生总是与一定的情境相互联系的。在特定的情境下，某些犯罪也总是更容易发生。比如，为何强奸罪在炎热的月份发生率更高？一来人们血液流动加快，容易兴奋；二来异性穿着暴露，形成了较强的外在刺激。其实，不仅治安犯罪有时间或空间分布规律，职务犯罪也同样如此。注意认识这些规律，可增强领导干部的主动防范意识。

（一）谨防节日腐败

节日是领导干部需要特别注意防范腐败的时间节点。这既是生活常识，也是统计规律。

俗话说："廉不廉，看过年；洁不洁，看过节。"节日是历史文化的产物，节日传承着民族文化和情感。在我国，春节、端午、中秋等喜庆节日的一个共同特点就是人情往来增多，亲朋好友互相走动，互送礼品，互致问候，并且彼此均觉自然，容易放松警惕。

宋代吴自牧在《梦粱录》中描绘春节时写道：

正月朔日，谓之元旦，俗呼为新年。一岁节序，此为之首。官放公私僦屋钱三日，士夫皆交相贺，细民男女亦皆鲜衣，往来拜节。街坊以食物、动使、冠梳、领抹、缎匹、花朵、玩具等物沿门歌叫关扑。不论贫富，游玩琳宫梵宇，竟日不绝。家家饮宴，笑语喧哗。

描写中秋时写道：

此际金风荐爽，玉露生凉，丹桂香飘，银蟾光满，王孙公子，富家巨室，莫不登危楼，临轩玩月，或开广榭，玳筵罗列，琴瑟铿锵，酌酒高歌，以卜竟夕之欢。至如铺席之家，亦登小小月台，安排家宴，团子女，以酬佳节。虽陋巷贫窭之人，解衣市酒，勉强迎欢，不肯虚度。此夜天街卖买，直到五鼓，玩月游人，婆娑于市，至晚不绝。

节日期间密集的人情往来为请客、送礼等腐败行为提供了便利条件。对此，古人也有描述。明朝有两部笔记就提到了类似的节日送礼的腐败问题，其一是陆容的《菽园杂记》，其二是何良俊的《四友斋丛说》。《菽园杂记》记载：

京师元旦后，上自朝官，下至庶人，往来交错道路者连日，谓之拜年。然士庶人各拜其亲友，多出实心。朝官往来，则多汛爱不专。如东西长安街，朝官居住最多。至此者，不问识与不识，望门投刺，有不下马或不至其门，令人送名帖者，遇點仆应门，则皆却而不纳，或有闭门不纳者。在京仕者，有每旦朝退，即结伴而往，至入更酗醉而还。

《四友斋丛说》描述：

　　余尝以除夕前一月偶出外访客。至内桥，见中城兵马司前食盒塞道，至不得行。余怪问之，曰：此中城各大家至兵马处送节物也。

　　一些有求于人、受恩于人的人，利用节日期间人情往来的传统习俗，以送礼之名行贿赂之实，使得节日成为"送礼式"腐败高发的重要时间点。平时送钱送物有行贿之嫌，行贿人便挑选重大节日登门拜访送红包以建立或联络"感情"，就显得"名正言顺"得多。

　　2003 年中秋节前，南京一家企业定下了一份中秋"送礼"计划。在这份计划的明细单上，南京地区几乎所有银行及邮政储蓄机构均赫然在列，送礼对象从银行行长、分管领导到相关处室的处长、科长、支行的行长，送礼等级则分为每人 700 元、500 元、300 元不等，计划总支出为 4.73 万元。在这份计划书上，该企业的部门负责人、会签部门、分管领导、总经理在 9 月 3 日均已签字同意，显然正在执行当中。计划书特地写明："考虑送礼的时效性，需 9 月 5 日前办妥。"

对受贿人而言，以收礼之名行受贿之实，也容易减轻其心理负担，将受贿行为合情合理化。据《检察日报》报道，安徽省灵璧县公安局原局长王某某说："想当初，自己总认为手中有了权，说了算，逢年过节收点下属送的礼不算什么大问题。在这种扭曲的思想支配下，我从收受他人送的小礼品开始，逐渐发展到逢年过节收他人的礼金，以至于后来一发不可收拾。"江苏省南通市通州区中小企业发展局原局长蔡某某说："对送礼者来说，逢年过节馈赠礼金是最好的借口，而对我们这些收受者来说，逢年过节收受礼金则是宽容自己的最好理由，我犯错误的时间主要集中在春节，主要的问题就是收受礼金。"辽宁省沈阳市原市长慕某某交代说："我在沈阳市任职的 4 年中，有 180 余人每逢年节，大事小情，以各种名义给我送钱送物多达几百万元。但是，过去很长一段时间，我一直把这种送礼行为看作'人情往来'而坦然待之。"安徽省原副省长王某某说："逢年过节，总会有人前来表示一下心意，这些都是礼尚往来，怎么能认定是受贿呢？"

在送礼文化的调和下，节日成为贿赂犯罪的高发期。笔者分别以春节、中秋、端午为关键词在中国裁判文书网搜索一审刑事判决书发现：2016 年，与春节期间相关的各类刑事案件一审判决书共 6539 份，其中，贪污贿赂类犯罪 2843 件，占比达 43.4%；与中秋期间相关的各类案件一审判决书共 1618 件，其中，贪污贿赂类犯罪 1137 件，占比达 70.3%；与端午期间相关的各类案件一审判决书共 490 件，其中，贪污贿赂类犯罪 265 件，占比达 54.1%。在春节、中秋、端午发生的贪污贿赂类犯罪中，又以贿赂犯罪案件发案率最高，与春节有关的 2843 件贪污贿赂类犯罪案件中，1886 件是受贿犯罪案件，占比达 66.3%；与中秋有关的 1137 件贪污贿赂类犯罪案件中，864 件是受贿犯罪案件，占比达 76%；与端午有关的 265 件贪污贿赂类犯罪案件中，193 件是受贿犯罪案件，占比达 72.8%。

可见，节日为腐败犯罪（特别是贿赂类犯罪）创造了有利的文化条件和心理情境，公职人员尤其是领导干部对此应保持高度警惕。

此外，领导干部及其身边人的一些重要时间点，如婚丧嫁娶、生病住院等，也是诱发腐败行为的高发时间点，其文化条件和心理基础也类似于节日。

（二）谨防多发性违纪违法行为

违纪违法行为种类多样，其中哪些属于易发多发违纪违法行为，需要引起领导干部的特别警惕呢？

笔者对 2014 年 1 月至 2014 年 12 月中央纪委网站公布的 500 个因违纪被开除党籍或开除公职的案例进行统计分析发现，最易发多发的三大违纪问题分别是：利用职务便利收受他人财物、收受礼品礼金和与他人保持不正当性关系（包养情妇）；其他相对多发的问题是：严重违反政治纪律（包含对抗组织审查，团团伙伙），为亲友或特定关系人在干部人事、企业经营方面牟利，或者默许、纵容亲属利用特殊身份谋利，贪污或职务侵占，不如实报告个人事项，违规从事营利活动，违反中央八项规定精神、挪用公款或占用公物，等等（详见下表）。

问题类别	涉及人数	问题类别	涉及人数
受贿	458	滥用职权	37
收受礼品礼金	206	挪用公款或占用公物	36
与他人保持不正当性关系（或包养情妇）	120	行贿（含向他人赠送礼品礼金）	32
为特定关系人牟利（或默许、纵容亲属谋利）	56	违反中央八项规定精神	30
严重违反政治纪律（含对抗组织审查，团团伙伙）	56	违反财经纪律	20
贪污或职务侵占	54	违规报销个人费用	17
违规从事营利活动	50	失职渎职	16
不如实报告个人事项	48	权色、钱色交易	12

作为执纪审查的重点，违反中央八项规定精神的案件中，最易发多发的案件是违规发放津补贴或福利、违规收送礼品礼金、违规配备使用公务用车；其他相对多发的案件是违规公款吃喝、大办婚丧喜庆等。据媒体报道，2017 年全国共查处违反中央八项规定精神问题 51008 起，71644 人受到处理，50069 人受到党纪政纪处分。2017 年因违反中央八项规定精神受到党政纪处分的干部中，

省部级干部 6 人，地厅级 543 人，县处级 4541 人，乡科级 44979 人。在 2017 年查处的 51008 起问题中，违规发放津补贴或福利 12636 起，违规收送礼品礼金 9591 起，违规配备使用公务用车 9087 起，违规公款吃喝 6504 起，大办婚丧喜庆 5838 起，提供或接受超标准接待、接受或用公款参与高消费娱乐健身活动、违规出入私人会所、领导干部住房违规问题 3222 起，公款国内旅游 2507 起，楼堂馆所违规问题 1456 起。

根据以上数据分析，领导干部应当对收受贿赂、收受礼品礼金、违规发放津补贴或福利、违规配备使用公务用车、违规公款吃喝、违反政治纪律，为亲友或特定关系人牟利、与他人保持不正当性关系等问题保持高度警惕，防止触碰红线、跨入雷区。

七、适用法纪存在哪些宽严规定

宽严相济，是执纪审查和监察调查的基本原则。根据《中国共产党纪律处分条例》第四条的规定，"惩前毖后、治病救人"是党的纪律处分工作应当坚持的一项原则，即"处理违犯党纪的党组织和党员，应当实行惩戒与教育相结合，做到宽严相济"。《监察法》第五条规定："国家监察工作严格遵照宪法和法律，以事实为根据，以法律为准绳；在适用法律上一律平等，保障当事人的合法权益；权责对等，严格监督；惩戒与教育相结合，宽严相济。"执纪执法及司法中，什么情况下会从严处理，什么情况下能从轻发落，对于领导干部而言，应该有所认识。

（一）从宽处理的规定

1. 党纪处分从宽处理条文

《中国共产党纪律处分条例》第三章"纪律处分运用规则"规定了从宽处理的情形。具体如下：

第十七条   有下列情形之一的，可以从轻或者减轻处分：

（一）主动交代本人应当受到党纪处分的问题的；

（二）在组织核实、立案审查过程中，能够配合核实审查工作，如实说明本人违纪违法事实的；

（三）检举同案人或者其他人应当受到党纪处分或者法律追究的问题，经查证属实的；

（四）主动挽回损失、消除不良影响或者有效阻止危害结果发生的；

（五）主动上交违纪所得的；

（六）有其他立功表现的。

第十九条   对于党员违犯党纪应当给予警告或者严重警告处分，但是具有本条例第十七条规定的情形之一或者本条例分则中另有规定的，可以给予批评教育、责令检查、诫勉或者组织处理，免予党纪处分。对违纪党员免予处分，应当作出书面结论。

2. 职务犯罪从宽处理条文

《监察法》中从宽处罚条款共两条，分别是第三十一条、第三十二条。具体如下：

第三十一条   涉嫌职务犯罪的被调查人主动认罪认罚，有下列情形之一的，监察机关经领导人员集体研究，并报上一级监察机关批准，可以在移送人民检察院时提出从宽处罚的建议：

（一）自动投案，真诚悔罪悔过的；

（二）积极配合调查工作，如实供述监察机关还未掌握的违法犯罪行为的；

（三）积极退赃，减少损失的；

（四）具有重大立功表现或者案件涉及国家重大利益等情形的。

第三十二条　职务违法犯罪的涉案人员揭发有关被调查人职务违法犯罪行为，查证属实的，或者提供重要线索，有助于调查其他案件的，监察机关经领导人员集体研究，并报上一级监察机关批准，可以在移送人民检察院时提出从宽处罚的建议。

3.《刑法》中从宽处理条文

《刑法》中从宽处理的条文，分布在《刑法》总则和分则之中。总则中，主要是关于自首和立功的规定；分则中，主要是贪污罪、受贿罪特别从宽处罚条款。

第六十七条　犯罪以后自动投案，如实供述自己的罪行的，是自首。对于自首的犯罪分子，可以从轻或者减轻处罚。其中，犯罪较轻的，可以免除处罚。

被采取强制措施的犯罪嫌疑人、被告人和正在服刑的罪犯，如实供述司法机关还未掌握的本人其他罪行的，以自首论。

犯罪嫌疑人虽不具有前两款规定的自首情节，但是如实供述自己罪行的，可以从轻处罚；因其如实供述自己罪行，避免特别严重后果发生的，可以减轻处罚。

第六十八条　犯罪分子有揭发他人犯罪行为，查证属实的，或者提供重要线索，从而得以侦破其他案件等立功表现的，可以从轻或者减轻处罚；有重大立功表现的，可以减轻或者免除处罚。

第三百八十三条　对犯贪污罪的，根据情节轻重，分别依照下列规定处罚：

（一）贪污数额较大或者有其他较重情节的，处三年以下有期徒刑或者拘役，并处罚金。

（二）贪污数额巨大或者有其他严重情节的，处三年以上十年以下有期徒刑，并处罚金或者没收财产。

（三）贪污数额特别巨大或者有其他特别严重情节的，处十年以上有期徒刑或者无期徒刑，并处罚金或者没收财产；数额特别巨大，并使国家和人民利益遭受特别重大损失的，处无期徒刑或者死刑，并处没收财产。

对多次贪污未经处理的，按照累计贪污数额处罚。

犯第一款罪，在提起公诉前如实供述自己罪行、真诚悔

罪、积极退赃，避免、减少损害结果的发生，有第一项规定
情形的，可以从轻、减轻或者免除处罚；有第二项、第三项规
定情形的，可以从轻处罚。

……

第三百八十六条　对犯受贿罪的，根据受贿所得数额
及情节，依照本法第三百八十三条的规定处罚。索贿的从重
处罚。

在司法实践中，宽严相济政策也得到了切实贯彻。

2012 年，河北吴桥县某村原党支部书记李某某利用协助
乡政府从事危房改造管理工作的便利，骗取国家危房改造款
14160 元非法占为己有；2013 年期间，骗取国家危房改造款
17590 元，将其中的 12590 元非法占为己有；2010 年至 2014
年期间，骗取低保补贴款 5169.4 元，将其中的 4469.4 元非
法占为己有。法院经审理认为，李某某在纪检部门对其进行
调查淡话掌握犯罪事实以后向吴桥县人民检察院投案，不能
构成自首，但其当庭自愿认罪，积极退回全部所得赃款，认
罪、悔罪态度好，依法从轻处罚。判决李某某犯贪污罪，免
予刑事处罚。

从宽处理的规定，涉及专业知识内容，不可能要求每一位领

导干部像刑法学学者或纪检监察干部一样熟悉这些规定。但是，对于其基本精神，每一个公职人员均应有所了解，在面临被追究纪律责任或法律责任时，可以帮助自己做出正确的选择。特别是《监察法》通过后，在留置阶段，职务犯罪嫌疑人获得律师提供法律服务的权利受到限制，更应该掌握这些条文的基本精神。

从宽处理的规定，不外乎自首、坦白、立功、认罪以及积极退赃等。在《刑法》中，自首分为一般自首和准自首。（1）一般自首，是指犯罪以后自动投案，如实供述自己的罪行。投案时间，要求是尚未归案时，即在被讯问或采取强制措施之前，都可以自动投案，比如，犯罪事实未被发觉时投案；犯罪事实已经被发觉，但未发现犯罪嫌疑人时投案；犯罪事实和犯罪嫌疑人都已被发现，但是对犯罪嫌疑人尚未发布强制措施的命令时投案；已经对犯罪嫌疑人发布强制措施的命令，但是尚未缉拿归案时投案。投案对象，包括监察机关、司法机关、非司法机关（如犯罪人所在单位）、有关个人（如单位负责人）。投案方式，包括亲首和特殊情况下的代首（即委托他人自首）。最后要求，投案具有彻底性，即自愿接受控制，直到最终审判，如果自动投案后又逃跑的，不算自首。（2）准自首，是指被采取强制措施的犯罪嫌疑人、被告人和正在服刑的罪犯，如实供述司法机关还未掌握的本人其他罪行。后罪行与前罪行是不是同种罪行，一般以罪名区分。所谓"司法机关已掌握的罪行"是指证明成立的罪行。例如，甲涉嫌受贿罪被捕后，司法机关发现受贿罪不成立。此时，甲又主动供述新的受贿罪事实，该事实是司法机关尚未掌握的，甲构成自首。对于自首，《刑法》规定可以从轻或减轻处罚；犯罪较轻的，可以免除处罚。坦白原属于酌定量刑情节，法官在适用过程中自由裁量权比较大。2011年，《〈刑法〉修正案（八）》将其规定为法定量刑情节。坦白，是指犯罪嫌疑人虽不具有自首情节，但是如实供述自己罪行的，可以从轻处罚；因其如实供述自己罪行，避免特别严重后果发生的，可以减轻处罚。也就是说，即使犯罪嫌疑人的罪行已被掌握，在被动归案后，只要如实供述自己的罪行，仍然可以从轻处罚。

立功，分为一般立功和重大立功。一般立功的情形包括阻止他人实施犯罪活动；检举、揭发他人犯罪活动，或者提供重要的破案线索，经查证属实；协助司法机关抓捕其他犯罪嫌疑人的；在生产、科研中进行技术革新，成绩突出的；在抗御自然灾害或者排除重大事故中，表现积极的；对国家和社会有其他较大贡献的。重大立功的情形包括阻止他人实施重大犯罪活动；检举他人重大犯罪活动，经查证属实；协助司法机关抓捕其他重大犯罪嫌疑人；有发明创造或者重大技术革新；在日常生产、生活中舍己救人；在抗御自然灾害或者排除重大事故中，有突出表现；对国家和社会有其他重大贡献。

需要强调的是，立功是量刑情节，直接涉及被宣告判处刑罚的轻重，同时也是重要的减刑考量因素。被判处管制、拘役、有期徒刑、无期徒刑的公职人员，在执行期间，如果有立功表现，可以减刑；如果有重大立功表现，则应当减刑。实践中，有涉嫌犯罪的公职人员对检举、揭发他人犯罪活动有不同的认识，认为这是"背叛朋友"，不道德。这种观念是不正确的，没有认识到其他人犯罪的社会危害性，应坚决摒弃。

积极退赃也是一项重要的从宽处罚情节。贪污罪、受贿罪特别从宽处罚制度规定，犯贪污罪、受贿罪，在提起公诉前如实供述自己罪行、真诚悔罪、积极退赃，避免、减少损害结果的发生，可以从宽处罚。实践中的一个问题是，受贿人往往把主动将赃款退还行贿人理解为"积极退赃"，这是错误的。在受贿案件中，能够接受退赃的权利人是国家，而不是行贿人。行贿与受贿是对合性犯罪，行贿人本身也是犯罪人。行贿人为谋取不正当利益，给予国家工作人员财物的，对该财物便不再具有返还请求权。

（二）从严处理的规定

贯彻宽严相济的原则，该宽则宽、该严则严。从严处理的规定有哪些呢？

1.党纪处分从严处理条文

《中国共产党纪律处分条例》中，从严处理的条文是第二十条。

第二十条　有下列情形之一的，应当从重或者加重处分：

（一）强迫、唆使他人违纪的；

（二）拒不上交或者退赔违纪所得的；

（三）违纪受处分后又因故意违纪应当受到党纪处分的；

（四）违纪受到党纪处分后，又被发现其受处分前的违纪行为应当受到党纪处分的；

（五）本条例另有规定的。

2.《刑法》中从严处理条文

《刑法》中关于职务犯罪从严处理，实践中适用较多的主要是贪污罪、受贿罪加重犯的规定。

根据《刑法》的规定：（1）贪污、受贿数额较大（3万元至20万元）或者有其他较重情节的，处三年以下有期徒刑或者拘役，并处罚金。（2）贪污、受贿数额巨大（20万元至300万元）或者有其他严重情节的，处三年以上十年以下有期徒刑，并处罚金或者没收财产。（3）贪污、受贿数额特别巨大（300万元以上）或者有其他特别严重情节的，处十年以上有期徒刑或者无期徒刑，并处罚金或者没收财产；数额特别巨大（300万元以上），并使国家和人民利益遭受特别重大损失的，处无期徒刑或者死刑，并处没收财产。数额加重犯的规定比较好理解，也就是贪污、受贿金额越大，处罚越重。其中，20万元是一个坎儿，300万元是另外一个坎儿。

什么是其他较重情节、其他严重情节、其他特别严重情节呢？《最高人民法院、最高人民检察院关于办理贪污贿赂刑事案件适用法律若干问题的解释》分别作出如下规定：

贪污数额在 1 万元以上不满 3 万元，具有下列情形之一的，应当认定为"其他较重情节"，依法判处三年以下有期徒刑或者拘役，并处罚金：（1）贪污救灾、抢险、防汛、优抚、扶贫、移民、救济、防疫、社会捐助等特定款物的；（2）曾因贪污、受贿、挪用公款受过党纪、行政处分的；（3）曾因故意犯罪受过刑事追究的；（4）赃款赃物用于非法活动的；（5）拒不交待赃款赃物去向或者拒不配合追缴工作，致使无法追缴的；（6）造成恶劣影响或者其他严重后果的。贪污数额在 10 万元以上不满 20 万元，具有以上情形之一的，应当认定为"其他严重情节"，依法判处三年以上十年以下有期徒刑，并处罚金或者没收财产。贪污数额在 150 万元以上不满 300 万元，具有以上情形之一的，应当认定为"其他特别严重情节"，依法判处十年以上有期徒刑、无期徒刑或者死刑，并处罚金或者没收财产。

受贿数额在 1 万元以上不满 3 万元，具有下列情形之一的，应当认定为"其他较重情节"，依法判处三年以下有期徒刑或者拘役，并处罚金：（1）曾因贪污、受贿、挪用公款受过党纪、行政处分的；（2）曾因故意犯罪受过刑事追究的；（3）赃款赃物用于非法活动的；（4）拒不交待赃款赃物去向或者拒不配合追缴工作，致使无法追缴的；（5）造成恶劣影响或者其他严重后果的；（6）多次索贿的；（7）为他人谋取不正当利益，致使公共财产、国家和人民利益遭受损失的；（8）为他人谋取职务提拔、调整的。受贿数额在

10万元以上不满20万元，具有以上情形之一的，应当认定为"其他严重情节"，依法判处三年以上十年以下有期徒刑，并处罚金或者没收财产。受贿数额在150万元以上不满300万元，具有以上情形之一的，应当认定为"其他特别严重情节"，依法判处十年以上有期徒刑、无期徒刑或者死刑，并处罚金或者没收财产。

对于上述加重处罚的规定，公职人员都应当了解。不然，就容易罪上加罪，面临加重处罚，甚至被判处死刑。

1997年至2013年，张某某利用担任山西中阳县县长、县委书记以及吕梁地区行署副专员、吕梁市委常委、副市长等职务便利，为他人在煤炭资源整合、项目审批等事项上提供帮助，索取、非法收受他人财物，折合人民币共计10.4亿余元；同时，张某某家庭财产、支出明显超过合法收入，其对折合人民币共计1.3亿余元的财产不能说明来源。

张某某的行为构成受贿罪、巨额财产来源不明罪，受贿数额特别巨大，在18起受贿犯罪事实中，有2起受贿犯罪数额均在人民币2亿元以上，还主动向他人索取贿赂人民币8868万余元，且案发后尚有赃款人民币3亿余元未退缴。张某某目无法纪，极其贪婪，在党的十八大后仍不收敛、不收手，给国家和人民利益造成特别重大损失，罪行极其严重，应依法严惩。2018年3月28日，山西临汾市中级人民法院判处张某某死刑，剥夺政治权利终身，并处没收个人全部财产，对张某某受贿所得财物和来源不明财产及其孳息予以追缴，上缴国库，不足部分，继续追缴。

张某某的死刑判决，是在我国保留死刑但慎用死刑，为贪污罪、受贿罪设置终身监禁刑罚措施的刑事政策环境下，因受贿数额特别巨大、罪行极其严重、主观恶性极大而直接判处死刑的一个典型案例，教训可谓十分深刻。

八、腐败分子能否坐享腐败收益

在强力反腐态势下，有的领导干部仍然不收敛、不收手，期望在职时捞一把，等到退休就"平安着陆"，或者逃到海外进入"法外之地"，安享腐败收益。这种想法是否现实？答案是否定的。

（一）退休离职并不意味着能"平安着陆"

退休离职是领导干部职业生涯的分水岭。此前，不少人认为只要在职期间不出事，挨到退休就安全了，"退休等于'平安着陆'"曾是一些贪官信奉的"金科玉律"。现实中，"退了退了，一退就了了"的现象在先前确实存在，但是党的十八大以来，"退休等于'平安着陆'"的公式显然是难以成立的。在终身追责的重拳之下，退休离职不再是免责的保险箱。

从纪律规定来看，追究纪律责任没有追诉期的限制。在职时犯下的违纪行为，如果退休后被发现，不管过了多长时间，都可以予以纪律追究，给予相应的党纪处分，降低或取消退休待遇。

2018 年 5 月，中央纪委国家监委网站公布了广东省地税局原党组书记、局长吴某某严重违纪违法问题处理情况。吴某某于 1998 年 6 月至 2011 年 4 月任广东省地税局局长，2011 年 4 月至 2013 年 8 月，退居二线，任广东省地税局巡视员。被立案审查时，吴某某已经退休。经查，吴某某违反政治纪律，对抗组织审查；违反中央八项规定精神，违规占用公车；违反组织纪律，违规干预干部选拔任用工作；违反廉洁纪律，收受可能影响公正执行公务的礼金和贵重礼品，挥霍浪费公共财产，利用职务上的便利，将应当由个人支付的费用由下属单位支付；利用职务上的便利为他人谋取利益，索取、收受他人巨额财物涉嫌受贿犯罪。吴某某受到开除党籍、取消其退休待遇处分，其涉嫌职务犯罪问题被移送有关国家机关依法处理。

与吴某某一样，退休后被追究责任的大有人在。仅副省级及以上高官便有倪某科、郭某祥、陈某槐、阳某华、徐某厚、周某康、赵某麟等人。2014 年 10 月，江苏省委原常委、秘书长赵某麟涉嫌严重违纪违法被查处。据赵某麟简历显示，其早在 8 年前便卸任江苏省委常委、秘书长一职，原以为可以"平安着陆"了，却美梦落空。

一些领导干部也许心存疑虑，为什么已经退休了还能被追究刑事责任呢？《刑法》上不是有追诉期的规定吗？确实，刑事处罚不同于纪律处分，有追诉期的限制。法定最高刑为不满五年有期徒刑的，经过五年不再追诉；法定最高刑为五年以上不满十年有期徒刑的，经过十年不再追诉；法定最高刑为十年以上有期徒刑的，经过十五年不再追诉；法定最高刑为无期徒刑、死刑的，经过二十年不再追诉；如果二十年以后认为必须追诉的，须报请最高人民检察院核准。但是，《刑法》中还有追诉时效延长和中断的规定。所谓诉讼时效的中断，是指在追诉期内又犯罪的，前罪追诉期从犯后罪之日起计算。诉讼时效中断的规定，对追究领导干部的刑事责任有直接的影响。因为领导干部搞腐败，往往是一个持续的过程，很少有"一锤子买卖"，"湿了鞋"以后又"下河游泳"的贪官大有人在。因此，许多领导干部虽然已经退休多年，但是其曾经犯下的贪腐罪行因为诉讼时效中断的规定，还在追诉期以内。于是，我们经常看到领导干部因腐败罪行被起诉，往往十几年前甚至几十年前的贪腐罪行都要被追究。

2018 年 4 月，北京师范大学中国企业家犯罪预防研究中心发布的《企业家腐败犯罪报告》披露了国有企业家腐败犯罪的潜伏期。其中，犯受贿罪的潜伏期，20 年以上的占 1%，15 年以上 20 年以下的占 1.7%，10 年以上 15 年以下的占 15.2%，5 年以上 10 年以下的占 46%，5 年以下的占 36.2%。可见，潜伏期在 5 年以上 10 年以下的比例最高。这可以从两个方面来解读，一方面，腐败犯罪潜伏期长，说明我们发现腐败的机制还要进一步加强；另一方面，腐败犯罪即使经过了很长时间，仍然会被追究。这就是镜子的两面，领导干部最应该看到的是后一方面。如果有"赶在退休前'捞一把'"的想法，那么，退休之后的晚年就会朝不保夕。这无疑是人生的最大悲哀。

（二）逃往海外不再是"避罪天堂"

与期望等到退休后"平安着陆"的领导干部不同，一些贪腐的领导干部大肆敛钱后，逃亡海外，认为海外就是"法外之地"，反贪机构鞭长莫及。党的十八大以来，随着追逃追赃力度持续加大，海外已经不再是贪腐分子的"避罪天堂"。2014年1月14日，习近平同志在第十八届中央纪委第三次全会上强调："国际追逃工作要好好抓一抓，各有关部门要加大交涉力度，不能让外国成为一些腐败分子的'避罪天堂'，腐败分子即使逃到天涯海角，也要把他们追回来绳之以法，五年、十年、二十年都要追，要切断腐败分子的后路。"这一段讲话振聋发聩，也吹响了"百名红通"追逃的号角。

目前，中国的境外追逃追赃机制日益健全，追逃效率不断提高。以下四大追逃追赃路径保障了腐败分子难以再逃之夭夭。

一是引渡。即外国将处于本国境内的被中国指控为罪犯或已经判刑的人，应中国的请求，送交中国审判或处罚。这是当下追逃最为正式、最为常规的途径。根据国际法的有关规定，只有请求国与被请求国签订有引渡协议，被请求国才具有必须引渡的义务。截至 2017 年 8 月，我国已与法国、意大利等 50 个国家签署了引渡条约，与美国、加拿大、澳大利亚、新西兰等 60 个国家签订了刑事司法协助类条约，与美国等 47 个国家和地区签署金融情报交换合作协议，从而形成了追逃追赃的国际合作网络。

二是非法移民遣返。即中国向逃犯所在地国家提供其违法犯罪线索，该被请求国将不具有合法居留身份的中国人强制遣返。这是我国公安司法机关在与无引渡合作关系的国家交往中所采取的措施。通过采取这种替代性措施进行境外追逃，也能够带来与引渡相同的结果，因而也可被称为"事实引渡"。潜逃至加拿大 12 年的厦门特大走私案首犯赖某某，正是通过这种方式，于 2011 年 7 月 23 日被遣返回国依法接受审判的。实际上，在此之前，加拿大借助这一替代性措施已向中国遣返了多名外逃经济犯罪分子。例如，2008 年将涉嫌巨额合同诈骗案的邓某某遣返回国；2010 年将邓某某的同案犯、潜逃加拿大 7 年的崔某某遣返回国。

三是通过异地追诉实现境外缉捕。具体来说，就是由中国主管机关向逃犯躲藏地国家的司法机关提供该逃犯触犯该外国法律的犯罪证据，由该外国司法机关依据本国法律对其实行缉捕和追诉。这样做可以产生两大效用：第一，不让逃犯逍遥法外；第二，创造将其遣返回国的法律条件。"中国银行开平案"主犯在美国被判刑，开创了异地追诉外逃官员的先例。2001 年 10 月，中国银行高达数亿美元的银行款不翼而飞。调查发现，中国银行广东开平支行前后 3 任行长——许某凡、余某某、许某俊，在长达 10 年的时间里，利用职务之便将总额 4.8 亿多美元的银行资金陆续转移到海外，3 人也潜逃至美国。2003 年，许某凡和许某俊在美国被捕，于 2009 年 5 月 6 日被美国拉斯维加斯联邦法院分别判处有期徒刑 25 年和 22 年，并勒令退还 4.82 亿美元的涉案赃款。此案具有突破性的司法意义，明确昭示了腐败犯罪者罪责的不可脱逃性。

四是劝返。即通过对外逃人员开展说服教育，使其主动回国接受处理。这是我国公安司法机关依据我国宽严相济的刑事政策，在境外追逃工作中逐步摸索出来的一套颇具"中国特色"的经验。自 2014 年 9 月 26 日全国检察机关部署开展职务犯罪国际追逃追赃专项行动以来，截至 2015 年 1 月，对潜逃犯罪嫌疑人开展劝返工作成功率较高。据统计，已回国投案自首的 49 名犯罪嫌疑人中，经过对犯罪嫌疑人及其家属、重要关系人开展劝返工作，主动回国投案自首的有 36 人，占 73.5%，劝返措施已见成效。

引渡、非法移民遣返、通过异地追诉实现境外缉捕、劝返等措施的综合运用，充分表明了以习近平同志为核心的党中央有逃必追、一追到底的鲜明态度和坚定决心，真可谓"天涯海角，虽远必追"，不让腐败分子在海外有藏身之地。

当前，"猎狐行动"还有一大特点——追逃与追赃一起抓、对内对外同向发力，力求赃款在境内"藏不住、转不出"，在境外"找得到、追得回"。至于追赃的方式，一共有 5 种：一是通过双边刑事司法协助条约或引渡条约进行追赃；二是利用赃款赃物所在国犯罪所得追缴法或其他国内法进行追赃；三是通过境外民事诉讼方式进行追赃；四是运用刑事政策促使犯罪嫌疑人或其亲属自动退赃；五是通过我国《刑法》规定的没收程序进行追赃。其中，第五种方式，即违法所得特别没收程序，是我国 2012 年 3 月 14 日颁布并于 2013 年 1 月 1 日开始实施的新《刑事诉讼法》所规定的特别程序。该特别程序的出台，为依法没收潜逃境外或者因其他原因未到案的犯罪分子的违法所得扫清了法律障碍。

2016 年 G20 杭州峰会上，各国领导人一致批准通过《二十国集团反腐败追逃追赃高级原则》，决定在我国设立 G20 反腐败追逃追赃研究中心。这是我国在二十国集团反腐败合作框架下的机制创新，将为我国参与国际反腐败的规则制定、促进追逃追赃理论与实践的发展提供新的平台支持。

正是随着我国追逃追赃的国内与国际机制不断完善，追逃追赃工作得以持续深入推进、战果不断扩大。截至 2018 年 6 月，"百名红通人员"已有 53 名到案，超过半数。"百名红通人员"头号嫌犯杨某某外逃 13 年，戴某某外逃 14 年，赖某某外逃 17 年，外逃时间虽长，但他们最终还是落网。2018 年 6 月 22 日，中国银行江门分行原行长赖某某，因涉嫌贪污罪于 2001 年 8 月逃至澳大利亚，他外逃时间长达 17 年，终究避免不了回国投案的结局。赖某某回国投案的同时还主动退赃，成为既追逃又追赃的典型案例。

"往者不可谏，来者犹可追。"揪出退休的"蛀虫"，逮住潜逃的"狐狸"，对退休、潜逃的腐败分子是一种应得的惩罚，对现任领导干部则应成为一锤响亮的警钟。

第二章

职务犯罪风险缘何而生

　　同样的环境中，有人奉公守法，有人违纪违法，根本的区别在于有人在社会交往中潜移默化地学会了"公权私用"的自我心理辩解，使得内在的违法动机压倒了守法动机。

　　现实中，权力任性的空间较大、机会较多，在侵蚀着"权为民所用"的为官信条；在模糊着权力行使的正当边界。手握权力，又面临从严治党的新态势，如若对此缺乏警惕和防范，职务风险就会如影相随。

一、不良心理何以滋生风险

在同一个单位、同一个部门、同一个岗位，为什么有些人会走上职务犯罪的道路而其他大多数人则不会？犯罪心理学对此提供了颇有价值的解释——"焉行为不正，源心术不端"。现实中，一批又一批官员，下自村官、上至省部级领导干部甚至国家级领导人，之所以滥用手中的权力来满足自己的私欲，是因为他们在思想上形成了腐败的不良心理。分析公职人员走向腐败的渐进过程，可以发现贪腐者的心路历程。

（一）贪婪心理

腐败作为人类社会的一种常见病，是人类的贪欲在特定的历史与社会条件下的产物，古今中外，概莫能外。

贪婪是一种与人的身份（年龄、社会角色等）和文化制度环境不相适应的过度欲望，是滋生犯罪动机、促使个人走上犯罪道路的重要心理原因。

欲望，是人性的一个侧面，是一个古老的话题。古人云："富与贵，是人之所欲也"，"贫与贱，是人之所恶也"；"今人之性，生而有好利焉"；"饥而欲食，寒而欲暖，劳而欲息，好利而恶害，是人之所生而有也，是无待而然者也，是禹、桀之所同也"；"世路无如贪欲险，几人到此误平生"。

拉康说："欲望是对缺乏的欲望。"这说明欲望是无限的。当下缺乏的满足，又会刺激新的缺乏，从而产生新的更大的欲望。明朝时期的著名律学家朱载堉作有一首小曲，题目叫《山坡羊·十不足》，对欲望具有的自主扩张性进行了生动的描述：

> 逐日奔忙只为饥，才得有食又思衣。
>
> 置下绫罗身上穿，抬头却嫌房屋低。
>
> 盖了高楼并大厦，床前缺少美貌妻。
>
> 娇妻美妾都娶下，又虑出门没马骑。
>
> 将钱买下高头马，马前马后少跟随。
>
> 家人招下十数个，有钱没势被人欺。
>
> 一铨铨到知县位，又说官小势位卑。
>
> 一攀攀到阁老位，每日思想要登基。
>
> 一日南面坐天下，又想神仙下象棋。
>
> 洞宾与他把棋下，又问哪是上天梯？
>
> 上天梯子未做下，阎王发牌鬼来催。
>
> 若非此人大限到，上到天上还嫌低。

欲望之所以具有自主扩张性，是由于个人始终是受存在环境制约的，在其生命历程中，个人的物质与精神需求不可能根据个人意愿完全得到满足，从而必然使个人欲望始终处于某种匮乏状态。这种状态就是南宋词人辛弃疾在《贺新郎·用前韵再赋》中发出的感慨："叹人生、不如意事，十常八九。"这种欲望满足的匮乏状态，会造成个人内在的紧张和不安；为了解除紧张和不安，个体就会对外在产生一种"嗜欲力"，驱使自己与外部世界发生联系，并在自觉的目的指导下去实际地改造外部世界，把外部的"自在之物"变为"为我之物"。

然而可怕的是，一旦某种匮乏和紧张状态解除，另一种新的匮乏和紧张状态便随之产生，于是又产生新的欲望，如此循环，以致无穷。正因如此，那些有社会期待的人，那些能遵纪守法从而在生活和事业中持续健康发展的人，都有一个最大的共同点：懂得不同欲望之间的平衡，能够克制自己欲望满足的限度。

欲望与生俱来，并与个体的衣、食、住、行、性以及被尊重和成就感等基本需要相联系，构成了个人奋斗与前进的重要推动力。正如霍布斯所言："欲望终止的人，和感觉与想象停滞的人同样无法生活下去。幸福就是欲望从一个目标到另一个目标不断地发展，达到前一个目标不过是为后一个目标铺平道路。"个人具有欲望并赋之以满足欲望的行动，符合天理，无可厚非。对合理的个人欲望，国家与社会都应当正视与尊重。这是社会得以保持活力、个人得以全面发展的重要基础。

　　但是，当个人欲望超出了不应有的合理水平时，此时的个人欲望就具有了贪婪性，就会成为犯罪的直接诱因。柏拉图说，贪婪是对超出自己需求物质的强烈渴望；康德认为，个体对财富的不满足是为了过上奢华、幸福的生活，而贪婪正是个体追求超过自己真实需求的幸福生活的方式。

　　在中西文化中，过度的欲望——贪婪都被认为是不道德的。《老子》有云："罪莫大于可欲，祸莫大于不知足，咎莫大于欲得。"西方人也将贪婪看成一种"恶"，在基督教义中贪婪是七种原罪之一。为遏制个人追求贪婪的欲望所引起的破坏，以此维持社会的基本秩序，以更好地满足最大多数人合理的欲望需求，国家便确立了一套制度体系，对社会成员满足需要的限度与方式进行必要的限制。在社会学大师迪尔凯姆看来，人类的本性主要是自私的，由于个人有毫无节制的渴求，一旦失去控制，必将导致社会处于失序状态。为达到社会团结之目的，个人的激情（欲望）首先应该被限制……但是由于个体本身没有办法限制它们，所以必须是由外在于它们的某种力量来实现。

　　欲望本身并无对错，乃人性使然。然而，欲望的程度与实现欲望的手段，在现实中是要接受道德与法律的评判的。个人欲望的内容与程度，随着所处境况的不同而有所不同，但只有凭借道德、法律认可的手段实现欲望，才是合理的欲望；实现这种欲望的行动与努力，才能为社会所认可甚至鼓励。当个体试图突破道德、法律的限制，以积极的行动来满足自己非分的欲望时，这种欲望的满足就具有了犯罪性。

大致说来，腐败分子的贪欲表现为三个方面：贪财、贪权、贪色。其中，贪财，是贪欲的主要表现形式。这正如屈原在传世名篇《离骚》中所言："众皆竞进以贪婪兮，凭不厌乎求索。"芸芸众生往往都争先恐后地看谁更贪婪，贪财好利全然不知满足。贪财不仅是贪婪的主要目标，而且还促进贪权、贪色欲望的恶性发展。正是由于贪心于物质享受的无节制追求，才会有突破规则限制的行为冲动，才会千方百计地利用公权力的便利谋取私利，满足个人不断膨胀的欲望。这是大大小小的腐败官员共同的特点。"贪如火，不遏则燎原；欲如水，不遏必滔天。"许多腐败官员贪了一万想十万，贪了十万想百万，贪了百万想千万，贪了千万想亿万，上演了一幕幕"人心不足蛇吞象"的人生闹剧。

（二）失衡心理

心理失衡是腐败现象产生的重要诱因之一。从大量查办的案件来看，领导干部收受贿赂、以权谋私，大多可以从心理失衡方面找到内在动机。

适度的需要满足能够激发个体的积极进取，而不合理的需要如得不到满足，个人又缺乏自我抑制和平衡能力，往往就会导致心理失衡，使人的心理产生出一种非正常的紊乱状态。分析腐败官员走向堕落的案例，不难发现这样一条轨迹：他们原本在思想、政治、工作等各方面表现都不错，有的还做出过不小的贡献，但因在职业生涯中遇到这样或那样的"挫折"，就心理失衡；面对诱惑，就患上"红眼病"，不能做到淡泊名利，不能正确对待个人进退得失，以致步入犯罪的泥潭。

江西省原副省长胡某某曾交代说："上上下下都接触一些有钱人，看到他们生活得很自在……穿的是名牌，喝的是洋酒，身边还带着陪伴小姐，心里有几分羡慕。"曾有"河北第一秘"之称、33岁就位居正厅的李某交代说：看到个别高干子女吃、抽、穿、用极为豪奢。时间一长，就知道了其中的"秘密"——这些钱是依靠父母的权力和影响，开公司、做生意牟取的暴利；而那些廉洁的人，不仅生活条件得不到改善，工作上得不到重用，反而还遭到有些人的奚落、责难、孤立和排挤。正是这样的反向领悟与心理认同，引导着李某走向了不归路。

心理失衡源自不切实际地与人攀比。随着物质生活的丰富，社会上充斥着形形色色的诱惑，很容易对人的心理产生强烈的冲击。如果不根据自身的实际情况与身份角色，正确定位物质与精神需求的取向与限度，而是盲目攀比，就会比出怨气，比出失落，形成心理不平衡。

对掌握一定职权的官员而言，如果在个人生活上、待遇上、职务上进行盲目攀比，就容易比出贪欲、比出腐败。因为，一旦羡慕富有与尊贵，向往金钱与拥有的心理占了上风，手中的权力就会转为以权谋私的工具，就会成为社会交往待价而沽的私人资本，就会进一步刺激欲望之门大开。

2010年12月30日，因犯受贿罪被执行死刑的湖南省郴州市原市委副书记、市纪委书记曾某某，可谓因心理失衡而在市场经济环境下大搞权力腐败的一个标本。他不仅利用手中权力，动辄就对人采取"两规"，整人捞钱，而且还大肆插手矿山牟取暴利，敛财手段十分恶劣。对此，曾某某在狱中是这样忏悔的："自己曾为党为国家辛苦数十年成绩斐然，却仍然收入一般，而那些商人却陡然成为家产千万、逾亿的富翁。""我以自己的罪行和血的教训，告诫别人不要贪，不能贪，告诫那些至今仍在做金钱发财梦的少数领导干部，腐败之路是死亡之路、地狱之路！"但此时才意识到不能因盲目攀比而贪腐，为时已晚！

同样，深圳市中级人民法院原副院长裴某某也曾感叹："按照我和妻子的正常收入，与其他地方的同行相比，我算是富人；但与周围那些开名车、住豪宅的人相比，我却是'穷人'，多少有些失落。"四川理工学院原院长曾某某曾这样忏悔道："在我的脑袋里，总有一个'攀比'和'贪'字在作怪。我的博士同学中任何一个人，不管他在国内还是海外，没有一个人不是千万富翁。而我奋斗了一辈子，夫妻俩合伙的收入存款才不到200万元。"江西省南昌市国土资源局原局长周某某忏悔说："看到那些老板们风光无限，我思想上出现了不平衡。我想，凭自己的能力，应当比他们过得更好，应当比他们拥有更多的财富。在这种失衡心态下，我渐渐迷失了自己，冒出了'面对手中权力，现在不用，更待何时'的念头。"人生的悲剧也就从此开始了。

腐败官员失衡心理的突出表现是，自认为付出多、能力强、有贡献但得到的回报少，因此产生"得不偿失"的心理失衡，开始滋生以权力谋取私利的内心冲动。广西壮族自治区东兴市原市委书记、防城港市政协原副主席刘某某的贪腐心理具有典型性。2005年1月，刘某某因受贿罪被判处无期徒刑时，有过如下较深刻的忏悔：

> 调到东兴工作后，由于环境的影响和边境灯红酒绿的诱惑，特别是几年间，东兴一栋栋宫殿般的别墅拔地而起，一辆辆豪华奢侈的奔驰宝马沿街横冲直撞，回到乡下看到一些原来与我一起玩泥巴长大的朋友，还有那些目不识丁的人，一夜之间成了大老板，他们进出高档酒楼，挥金如土，豪气如牛，何等的神气和潇洒。而自己辛辛苦苦工作了几十年，为国家和社会创造了不少财富，换来的只是几本荣誉证书，当上一个月薪不值十斤螃蟹钱的官，住的是简陋的三房一厅，看的是过时的上海产21英寸"金星"牌电视，母亲每次得病住院都需要向亲友筹钱借款，等等。心想，自己毕竟是一方"诸侯"，有权有势，却过着如此穷酸的生活，这与自己的身份太不协调了，越想心里越觉得不平衡，开始信奉社会上流传的"人无横财不富，马无夜草不肥"的歪理邪说。

（三）侥幸心理

心存侥幸，是一种违纪违法后不会被发现、发现了也可逃脱处罚的心理预期，它是滋生和强化犯罪心理的重要因素，也是不同类型犯罪都具有的普遍心理特征。但对职务犯罪者而言，由于有滥用权力或影响力对犯罪加以掩饰的便利，侥幸心理往往更为突出。

侥幸心理之所以在犯罪人群中普遍存在，客观地讲，它有一定的事实基础，如因偶然受贿且行事因隐蔽没有被发现，或者违法违纪行为被发现但没有人告发或举报，或者被告发、举报了，又因种种原因又未能查实，等等。而职务犯罪者致命的弱点就在于：往往过高估计了这种不被发现或查无实据的可能性，以致忘记了"法网恢恢，疏而不漏"的铁律。违法违纪行为此时不被发现，不意味着彼时不被发现；此行为未被严肃追究，不意味着彼行为不会被严肃追究。"手莫伸，伸手必被捉"，这才是真正的规律性现象。

从实践中看，绝大多数职务犯罪者头脑中并非没有基本的法纪观念，也并非不知道自己的贪腐或滥用权力行为会导致什么样的后果，通读各类职务犯罪者的忏悔录，可发现"侥幸"一词出现频率非常之高，他们往往把侥幸心理视为自己走向犯罪的主要原因。一些人在实施贪污或贿赂犯罪时，也曾有过激烈的思想斗争，但由于侥幸心理的推动与激励，面对金钱、好处和美色诱惑时，最终违法动机战胜了守法动机。对此，从不少职务犯罪者悔过书中类似的自白，就可见一斑：在收第一笔钱时，我感到很别扭，总是胆战心惊，甚至夜不能寐。可转念一想，两个人的事，你知我知，不会出问题，即使出了问题死不承认又奈我何。

细分一下职务犯罪者的侥幸心理，大致有以下三类：

其一，逆向比较心理。认为贪腐现象带有普遍性，又不是咱一个，他们没出事，我会出事？认为先前出事落马的那些人，只是偶然事件，未必个个都会"中枪"，即使"中枪"也未必轮到自己；认为周围的人比自己捞得还多，他们都没事，自己更不会出事；还有的认为"小贪"是小节，只要不"大贪"就没事。河南省鹤壁市原市长朱某某因受贿罪被逮捕后，在其悔罪书《从我受贿犯罪看领导干部思想道德建设的重要》中写道："看看周围，别人收了都没事，偏偏我出事？"即属此类。

其二，有恃无恐心理。自恃职务高、能量大、关系广、后台硬，违法违纪无人敢查，即使罪行败露了也可利用自己的权力、关系进行掩饰和"摆平"。这是身居高位或手握重权职务犯罪者的普遍心理。

其三，行事隐秘心理。认为只要遵守潜规则，收钱就办事，不做太出格的事，就能步步高升或安全着陆；只要玩得转，把上下左右的关系都照顾到，没有人举报就没问题；只要行事低调，不得罪人，就不会翻船。

然而，正如王安石所言："因循苟且逸豫而无为，可以侥幸一时，而不可以旷日持久。"年逾五十才当上国家能源局煤炭司副司

长的魏某某，尽管家中藏有上亿元现金，清点赃款时烧坏四台点
钞机，但平时仍骑一辆旧自行车上班，不少熟悉魏某某的人对其
贪腐罪行感到吃惊，因为魏某某平时衣着简朴，丝毫看不出家藏
万贯。魏某某行事再低调，也没有逃脱法律的制裁。

被称为"许三多"的浙江省杭州市原副市长许某某，也是在
多种侥幸心理的驱使下，坠入犯罪的深渊。1995 年 5 月至 2009
年 4 月，许某某利用职务之便，为有关单位和个人在取得土地使
用权、享受税收优惠政策、安排工作等事项上谋取利益，收受、
索取他人财物共计 1.45 亿余元；侵吞国有资产 5300 万余元；徇私
舞弊滥用职权，违规退还有关公司土地出让金 7100 万余元。2011
年 5 月 12 日，宁波市中级人民法院判处许某某死刑，并处没收个
人全部财产。一审判决后，许某某不服，提出上诉。浙江省高级
人民法院经审理后，驳回许某某上诉，维持一审判决。7 月 19 日，
经最高人民法院核准，许某某被依法执行死刑，成为近年来为数
不多的被执行死刑的腐败分子。回想自己的犯罪历程，他忏悔道：

> 在我长达十多年的违纪违法过程中，群众不时有举报，
> 组织上也给我敲过警钟，但我没有清醒，不是去改正，而是
> 去掩盖，继续去犯错误。我总以为朋友靠得住，并心存侥幸
> 地认为，自己所做的这些事是"天知、地知、你知、我知"，
> 不会有问题，即使出了事，组织上查，也会有人替我挡一下。
> 而且，我还错误地认为，群众的举报涉及不到核心问题，他

们掌握的只是一点皮毛，掌握不了实质，他们举报的只是道听途说的一些小事而已。只要自己不露马脚，不主动向组织反映问题，是查不到自己的。2008年6月中旬，我听说有人向纪委举报我，怀疑我拿了某某集团10%的干股。于是，我暗中与该公司董事长吕某一起做了手脚。这10%的干股，总价是1000万元。我相信他们不会说10%的股权是我的，只要吕某不说，就无从可查。而且我认为，说出来对吕某也没好处。见事后没什么动静，我以为自己又一次骗过了组织。所以，对一次一次的举报，我都存在严重的侥幸心理，没有举一反三，深思反省，没有认识到自己违纪违法问题的严重性，总以为只要事情做得牢靠，是可以过关的。严重的侥幸心理，使我没有悬崖勒马及时去改正错误，而是去掩盖错误，企图蒙混过关，致使自己的胆子越来越大，错误越犯越大，在犯罪的泥潭里越陷越深。

二、错误辩解何以滋生风险

任何违法犯罪行为的实施，都不是突发性的，都要经历守法动机与违法动机的自我心理斗争过程。外在的违法犯罪，只不过是违法动机最终战胜守法动机的逻辑结果。而违法动机要战胜守法动机的前提条件就是：个体要用适合自己的合理化辩解，为通过实施违法犯罪行为满足自己的私欲找到充分的理由或借口。否则，违法动机就难以形成和固化，违法犯罪行为也就无从发生。因此，内心存在对自己选择实施违规行为的错误辩解，是一切犯罪心理滋生和强化的基础。

相对于其他社会群体，领导干部不仅掌握有公权力，而且受教育程度与社会地位较高，加上在职业生涯中的历练，他们的行为理性与对违法犯罪所导致的后果的预见性也是较高的。因此，公职人员在决定是否选择实施违法犯罪行为时，为自己的不法行径寻找理由开脱、进行自我安慰、自我劝解，即进行合理化辩解的特征也相当突出和普遍。

实践中，构成职务犯罪的这种合理化辩解的理由与根据有哪些呢？

（一）合理补偿心理

有此辩解的人，是基于社会和组织"亏待"了自己的贡献和工作成绩的内心确认，在期望得到某种"补偿"的心理推动下，选择实施以权谋私行为的。这种辩解，随着个人社会、政治、经济地位的变化，主要表现为三种不同的形式：

一是薪资不足外快补。有的公职人员看到身边比自己学历低、能力差的同学、朋友做生意、办企业、干中介都发了财，觉得自己干公务员入错了行，吃了亏，产生"何不以权捞钱"的念头。

二是晋升无望实惠补。有的公职人员因职务升迁无望，转而利用权力捞取经济利益，把手中的权力变成谋取私利的工具。曾担任河北魏县、永年县、大名县三县县委书记的边某，其现身说法很具典型性。

2005 年 3 月至 2013 年 10 月，边某先后在河北省邯郸市魏县、永年县、大名县担任县委书记，利用职务上的便利，边某为他人在职务晋升调整、项目协调审批、工程承揽建设等方面谋取利益，先后上百次非法收受、索取他人贿赂。河北省石家庄市中级人民法院认定边某先后多次非法收受、索取他人贿赂，包括人民币、外币、黄金、房产等款物共计折合人民币5920 万余元，另有价值人民币 4190 万余元巨额财产不能说明来源，其滥用职权还造成国家财产流失 776 万余元，判处边某死刑缓期两年执行，剥夺政治权利终身，并处没收个人全部财产。边某在被羁押期间，剖析自己的犯罪原因：自认为在魏县县委书记任上工作成绩很好，下一步应该到市里工作，但没想到被调任去永年县继续当县委书记，从那时起自己开始大肆敛财，但也没有放松本职工作，政绩还算突出。永年县县委书记当了多年后，满以为能当市领导了，可竟然又被调到经济水平远不如永年县甚至是十分贫困的大名县做县委书记，心理上感觉很不满，更加追求金钱利益。回过头来看，自己在县委书记的位子上坐久了，感觉工作干得不错，但一直没有得到提拔，心态开始失衡，从第二任县委书记开始，就只想着怎么多挣钱了。

三是早年没捞晚年补。有的领导干部接近退休年龄时，认为两袖清风一辈子，没有功劳有苦劳，再不捞一把就没有机会了。从先前的知名国有企业家褚某某，到近来的许多贪腐官员都具有这样的补偿心理。

从组织调查来看，褚某某在退休之前一直对自己要求较严格，但在临近退休时，贪污了公款。为何实施贪腐行为？他自白道："觉得贡献多，回报少；为了晚年的体面私分了小金库的钱。"原浙江省衢州市政协主席郑某某，在 50 岁以前都做到了奉公守法，但在任职的最后十年期间，思想上却形成了有利于犯罪的辩解，最终因犯滥用职权罪和受贿罪，被判处有期徒刑十六年。他有这样的自白："我快要退休了，怕退休后现有的生活条件都将保证不了……我任常务副市长时，衢州当地的企业老板大部分我都是支持过的，他们都住高档房、开高档车，自己退休后连现有的生活水平都维持不了，就产生了趁现在收点钱把房子改变一下的想法，所以收了他们送来的钱。"

（二）人之常情心理

人非草木，孰能无情？在中国传统文化中，"人情主义""礼尚往来"观念，是千百年来形成的民风民俗。同时，在人情来往中还蕴含了一种道德评价机制，投之以桃、报之以李，眷顾亲人、关照朋友，只要不存在权力与利益的交换关系，都是值得肯定和发扬的。但作为领导干部，在对待"人之常情"方面，关键在于正确处理好"义"与"利"的关系。

孔子说："君子喻于义，小人喻于利。"二者有何区别？"义者，天理之所宜；利者，人情之所欲"；二者功能如何？"利以养其身，义以养其心。"简言之，义者，道义也，凸显的是"公家"属性。为他人、为集体、为社会、为国家考虑者，称为"义"。利者，关乎人性与个体基本欲望的满足。为了自己生存和正常发展所需要的物质与精神资源所考虑者，称为"利"。因此，"义"与"利"，无论对国家、社会还是个人而言，都是不可或缺并相互联系的两个方面。

对执政的中国共产党而言，绝不排斥正常或健康的人之常情。因为，它以为人民谋幸福为己任，不可能不体察民情和尊重民意；对共产党人而言，要践行党的宗旨，在工作和社会交往中，也不可能不尊重民情，时时处处黑着脸，不近人情、六亲不认。我党的群众路线，就是要求党员尤其是党员领导干部，要与群众打成一片，要时刻关心群众的冷暖与诉求，要与各阶层人员真心交朋友，切实帮助他们解决实际问题和困难。如果我们的党给外界留下的是"不讲人情""交往不厚道"的印象和感觉，中国共产党就不可能团结带领各阶层力量，取得革命和建设的一个又一个胜利。

但问题在于，作为领导干部，在讲"人之常情"时，是基于公心还是为了私利，这是条基本的分界线。如果模糊了这条基本界线，公职人员就很容易丧失原则，"人之常情"也就容易成为实施以权谋私行为的有力辩解。一旦有了这种辩解心理，婚丧嫁娶、生病住院、逢年过节，收点下属或朋友的红包，就自然会被视为"正常"的礼尚往来；利用职权或身份影响，帮人办事后收点好处，也会觉得是"没什么大不了的事"。

相对于其他错误辩解心理，"人之常情"在产生和促进违法犯罪动机方面，具有三个特征：

一是"人之常情"具有潜移默化的特性。在人情观念盛行的社会交往中，由"人之常情"诱发的职务犯罪合理辩解，是个"慢热"的过程，具有很强的隐蔽性，时常为身居领导岗位的公职人员所忽视。实践中，不少行贿人就是通过温和的"自我道德化表演"，借助于情理社会中的习俗，将一些扭曲公平正义的庇护倾向嵌入权力拥有者的观念之中，在"人之常情"的外衣下，往往裹挟着权钱交易的满腹心思。这样一来，赤裸裸的利益交换关系就被掩盖在了温情脉脉的人情面纱下面。

二是"人之常情"具有很强的麻痹性。在失去道义评价的"人之常情"心理作用下，为官者常常容易迷失方向，产生自我欺骗的心理，将廉洁奉公、甘于奉献的为政之德、当官之规自觉或不自觉地抛于脑后，面对亲戚、熟人、朋友、同事或下级的礼物馈赠、请客宴请、婚丧嫁娶礼金等，在"人之常情"的心理作用下，来者不拒，照单全收。在"人之常情"的麻痹之下，公职人员变成了一锅温水中愚钝的青蛙。

三是"人之常情"具有很强的腐蚀性。"人之常情"讲求"投之以桃，报之以李"。当权力拥有者被纳入别有用心者精心编织的人情网络中时，人情文化中的"回报""还人情"等观念，将不断暗示和引导他们的行为，包括他们在行使权力过程中的偏私行为。大量案例表明，一些手握权力的领导干部走向职务犯罪的边缘，正是从"人之常情"开始的。从初次见面一条烟，到逢年过节一箱酒，到生病住院一沓钱，结果是一步一步地陷入了犯罪的泥潭。

尤其在反腐新常态下，许多所谓"人之常情"的小问题，如今已成了触犯红线的大问题。如果对这种似乎正常的社会交往缺乏充分的警醒，职务风险就很容易现实地发生。党的十八大以来，这方面的教训可谓比比皆是。据媒体报道，河北省沽源县平定堡镇原党委书记岳某某为女儿举办豪华婚礼，收受礼金数十万元，因触犯党纪国法被撤职，吞了颗"嫁女丢官"的苦果；2015年1月5日，新华社报道了一起案例：广东纪检部门查处了一起72名干部涉案的乐昌市收受"红包"腐败窝案，该市11名市委常委中，包括市委书记在内的9名常委涉案，收取下属部门"红包"礼金共计450多万元。

（三）"为公无过"心理

"为公无过"的自我辩解，也是当前产生腐败行为尤其是"公贿"行为的重要心理基础。所谓"公贿"，是指党政机关、事业单位、社会团体、国有企业等单位人员，为谋取本地区、本部门、本单位的小利益，用公共财物向他人行贿的行为。

2015年1月，国家体育总局拳击跆拳道运动管理中心原副主任赵某，利用职务便利为河南省跆拳道项目提供帮助，接受贿款30万元，被判有期徒刑10年。此案的行贿者并不是运动员，而是同为体育官员的河南省体育局局长韩某。韩某行贿，也不是为了自己，而是为了完成河南省确定的"在全运会上夺取跆拳道项目金牌"的任务。2009年全运会前夕，因河南省有多名运动员具备夺冠实力，所以确定了夺取两枚全运会金牌的任务。为了能完成任务，韩某在天坛饭店约见赵某，称河南跆拳道完成两枚金牌的任务还要请其多帮忙，并拿出事先准备好的现金，赵某把钱收下后就走了。

这种为了"公家"利益而行贿的行为，正是"为公无过"心理和扭曲的"金牌至上"政绩观的典型表现。

在"为公无过"的心理推动下，很长时期以来导致"公贿"行为呈现出公开化、"合法化"与多样化的特点。每逢春节、端午、中秋、元旦等重大节日，一些地方和单位的负责人基于维护好关系，在资源分配、人事安排等方面能获得关照的考虑，就开始研究如何对上级领导和有关实权部门送礼进贡，出现"年末大送礼""节日大进贡"的现象。一些地方和单位对上级来的检查组、调研组、工作组等严重超标准接待，大开公款吃、喝、游、玩之门，甚至主动邀请实权人物来本地度假休闲。一些下级单位以开张剪彩、挂牌揭匾、业务指导、讲课讲学、评审评议等名义，想方设法与上级领导拉近关系，动用公款以支付高额劳务费之名，行变相行贿之实。更有甚者，一些地方和单位，将"公贿"事项堂堂正正地拿到领导班子会议上，集体研究决定行贿对象、行贿金额，并对行贿得力人员予以表扬、奖励和提拔。

对于领导干部而言，要高度警惕"为公无过"心理带来的违法犯罪风险。因为，一旦有了心理认知，就容易形成错误的行为导向：只要不是为个人捞好处，没有往自己腰包里揣，而是为了本地区、本单位、本部门谋利益就不会有什么大碍。正因如此，一些领导干部在明知违反纪律和规定的情况下，仍然"偏向虎山行"。

一旦东窗事发，还以"集体研究、组织决定""不是为了自己"为由，进行理直气壮的辩解，企图逃脱纪律和法律的制裁。

实际上，所谓的"公贿"，是上下级之间或利益攸关的单位之间的一种利益交换行为。一方面，下级通过收买上级的职务行为而实现趋利避害的目的，上级通过出卖自己的职务行为而实现自身利益的最大化；另一方面，有利害关系的单位之间，通过"优势互补"和"互换有无"，结成利益集团。因而，这种形式的行贿与私人之间的行贿并无本质区别，它们都是违反制度安排的权力与利益交换关系，都是以牺牲国家利益、全局利益或大多数人的利益为代价，来满足小团体的私利；并且，"公贿"是可以还原为将公共权力化公有为私有这一腐败原形的，如河南省体育局局长向国家体育总局业务部门官员行贿，其驱动力正是将公共权力视为捞取个人政绩和工作表现的工具。

同时，"公贿"较之于个人腐败，所表现出的是一种深层腐败、系统腐败与体制性腐败，对社会的危害更大。在国家层面无疑应着力于通过体制与机制改革，消除滋生这种腐败的土壤和条件；对领导干部个人而言，则应充分认识到"公贿"具有风险波及面广的特点。一旦遭受查处，不但行贿方会倒一批，受贿方也会一端一大锅，形成腐败窝案和串案。

（四）法不责众心理

在严格执纪执法环境尚有待改善的现实条件下，法不责众观念在社会公众中还有不小的影响力，也是不少领导干部实施职务犯罪的重要心理屏障。其实，法不责众，是立法者制定法律、考虑立法的现实性时，需要参照的一个原则。在法理上，并不存在法不责众的情况，只要是有法律规定，不管是一人违反还是众人违反，就应该依法追究，不能有任何例外。

现实中，法不责众，构成了人们选择实施从众行为的心理基础：自己虽然知道某种行为不符合规定或不应该，但很多人都在那样干，都没有出事或产生某种不利后果，自己为什么还要"傻傻地"守规矩？"中国式过马路"即这方面的例子。过街红灯亮时，如果前面的行人停住等候，后面的大部分人往往也会等候，但只要有人带头闯红灯，即使原本在等候的人也会一起闯过去。2014年11月29日16时许，秦皇岛市79岁的苏会生老人，站在市中心一处十字路口观察一段时间后发现，在30分钟时间里，有23人闯红灯，7辆机动车右转没避让行人。人不让车，车不让人，路口堵了两次。"大伙都这么走，我为什么要站在路边等，傻不傻啊？"这是受访者理直气壮的回答。

但领导干部受到身份和职责的限制，与老百姓不同，一旦形成"法不责众"的认识，会引发双重的违法犯罪风险。一方面，如果认为自己周边真正廉洁奉公的人也没有几个，不少人都在或明或暗地利用职务、关系、影响力捞好处，也没见出事，就会形成"自己又何必自作清廉、独守清贫"的自我辩解，从而在自我麻痹中选择同流合污。另一方面，保障和监督党纪国法在本单位、本部门的顺利实施，是领导干部的重要职责，如果面临某种违规行为具有一定的普遍性或者涉及面较广时，为了顾忌影响或引起难以预测的后果，就放弃职责，不严格执纪执法，采取"高高举起、轻轻放下；既往不咎，今后从严"的态度处理，则会面临着渎职或不作为引发的风险。

特别是党的十八大以来，中央以"零容忍"的态度惩治腐败，"老虎""苍蝇"一起打，反腐败的广度前所未有；反腐败的力度前所未有；反腐败的深度前所未有。在这种反腐新常态下，如果对大势判断不清，仍然保有权钱交易、以权谋私属于"法不责众"现象的想法，寄希望于执纪执法的不严格，可以蒙混过关，无异于将自己推向万劫不复的深渊。严肃追查和处理"衡阳贿选案"，就鲜明地体现了在全面反腐的形势下，"法不责众"已经没有存在的余地。

2012年12月28日至2013年1月3日，湖南省衡阳市召开第十四届人民代表大会第一次会议，共有527名市人大代表出席会议，在差额选举湖南省人大代表的过程中，发生了严重的以贿赂手段破坏选举的违纪违法案件。2013年2月开始，有群众陆续向中央有关部门举报，引起了高度重视，随即要求有关部门进行调查；2013年4月上旬，中央听取了案件初步调查情况汇报，认为案情重大，性质严重，必须彻底查清，给社会一个交代、给人民一个交代；要求办案机关一定要以事实为根据，以法律为准绳，坚决严肃、扎实稳妥地做好案件查处工作。2013年6月中旬，调查组获取了大量书证、物证，基本查清了案件事实：衡阳破坏选举案共有56名当选的省人大代表存在送钱拉票的行为。时任衡阳市委书记、后升任湖南省政协副主席的童某某，在担任衡阳市委书记等职务期间，由于严重不负责任，不正确履行职责，致使省人大代表选举贿选大面积蔓延，被开除党籍、开除公职，并以玩忽职守罪被判处五年有期徒刑。此后，湖南省检察机关对涉案的68人立案侦查，使其受到法律严惩。该案的处理，破除了"法不责众"的魔咒，维护了法律和人大制度的权威。

三、权力集中何以滋生风险

（一）过于集中的权力体制，蕴含着权力滥用的风险

权力过于集中的体制弊端，很容易导致领导干部权力行使的专断，并因滥用权力或官僚主义决策错误而引发各类职务风险。

20世纪80年代，邓小平同志曾在《党和国家领导制度的改革》一文中，对权力过于集中的弊端予以了深刻揭示："权力过分集中的现象，就是在加强党的一元化领导的口号下，不适当地、不加分析地把一切权力集中于党委，党委的权力又往往集中于几个书记，特别集中于第一书记，什么事都要第一书记挂帅、拍板，党的一元化领导，往往因此变成了个人领导。"30多年过去了，这种现象依然存在，没有大的改观。从党政机关到企业，"一把手"职务犯罪的高发现象，无疑正是这种权力运行体制缺陷的具体反映。

在不少单位，主要负责人往往集财权、人权、事权于一身，用人一句话、花钱一支笔、开会"一言堂"，集体决策制度流于形

式；在有的部门，大会研究小问题，小会研究大问题，领导个人决定重大问题；在有的地方党委，书记以个人替代党委；在有的地方政府，行政首长则以个人代替政府班子；在一些国有企业，企业老总则以个人代替董事会，监事会和独立董事只是花瓶和摆设，重大问题均由"一把手"说了算。内部监督缺乏，外部监督又跟不上，如果领导干部自身定力又不足、风险防控意识又薄弱，怎么能不出现职务犯罪的高发态势？

　　因受贿罪被判处死刑缓期执行的湖南省郴州市原市委书记李某某，其直言不讳的表述，就是权力过于集中导致权力行使专断，并因此必然引发重大刑事风险的缩影。

　　"在郴州，我李某某说了算"；"市长遇到大事都要请示书记，那些开发商也知道我有最高决策权，有些不该我决定的事情我也拍板了"。当了8年的地方市委书记，让李某某养成了专横跋扈的作风，市委常委会成了他的"一言堂"。在与省纪委工作人员谈话时，李某某称，领导干部的任命，组织部长要看他的脸色办事，他提名的县委书记，在书记办公会、常委会上讨论时，没有人敢提反对意见。永兴县原县委书记雷某某升任副市长时，有人举报其问题严重。结果该举报人被李某某一怒之下轰出办公室，并将其调至其他部门闲置。这种将领导班子变成了以"一把手"为家长的家庭，从而肆意妄为地运用手中掌握的公权力的现象，绝非少数。

　　在我们看来，身处权力过于集中体制之中的领导干部，随着任职时间的延长或职务的逐步升迁，其面临的职务犯罪风险也就越大。如果自己对所面临的体制性弊端缺乏深刻的认识与高度的警觉，最终滑向职务犯罪的泥潭，是符合规律的，或者说，是一种十分自然的现象。

英国历史学家阿克顿勋爵"权力导致腐败，绝对权力导致绝对腐败"的论断，早已为领导干部们耳熟能详，但真正对此有理性认识并能以此为戒的还不是太多。

从执政党角度来看，为防止权力滥用，我国构建了政党监督、人大监督、民主监督、行政监督、法律监督、舆论监督等一系列监督制度，但这些制度在运行机制上仍然亟待完善，权力尤其是"一把手"的权力，仍然难以有效地被关进制度的"笼子"里，对领导干部的权力监督不到位、不得力，甚至内外监督均沦为摆设的现象，在不少领域和环节依然存在。

以县委书记为例，虽然级别不高，但责任不小，地位特殊。他承担着协调东西南北中、党政军民学的重任，是一县的"领头羊"，一方的"父母官"。有人感叹道："除了外交、军事、国防这些内容没有，县委书记拥有的权力几乎跟中央没有区别。"有的县委书记自己也有这样的感悟："坐着火车从县里出发去北京，一路走上去，感觉越走越小，到了北京觉得自己最小；再坐火车从北京回县里，一路走下去越走越大，到了县里感觉是我最大。"无论处于什么领导岗位，都具有人性的缺陷，如果没有刚性的制度约束，诸如"兹事体大"的县委书记岗位，就必然会成为诱发职务风险的高发岗位。

（二）监督乏力，增大了领导干部滥用权力的现实危险

"监督乏力、约束无方，特别是作为主要领导，基本感受不到监督和约束力的存在"；"要是在刚开始犯错误的时候，有谁能够及时提醒一下，我也不会走到今天"；"哪怕是早一点给我纪律处分，我也会内心充满感激"。通过不同时期的媒体和办案材料中，以及不同级别和不同领域的职务犯罪官员忏悔录中反复出现的类似的叹息与悔恨，我们不得不深刻反思和检讨现有权力监督机制存在的"四大缺陷"。

一是"上级监督太远"。在现行的干部管理体制下，对领导干部尤其是主要负责人的监督，上级是关键。上级机关是决定主要负责人政治前途和发展命运的首要因素，这种监督的权威性是毋庸置疑的。但是，现实中这种权威性的监督，因运行机制不畅，导致"四多四少"的问题普遍存在，从而被严重地虚化了：间接监督多、直接监督少；出了问题监督多、事前事中监督少；听取上门汇报多、主动深入基层少；听"一把手"汇报多、听班子其他成员和群众意见少，以致上级机关和领导无法及时、全面了解和掌握下级主要负责人的情况和问题，使上级的监督每每沦为违纪违法造成严重后果或影响后才介入的"擦屁股"式监督。司法实践表明，绝大多数的腐败案件线索是从群众举报当中发现的，这也从另一个侧面反映出上级监督的空泛与乏力。

二是"同级监督太软"。传统上，我国的监督机关实行双重领导体制，既受上级监督机关的领导，又受同级党委、政府的领导，其人事关系和后勤保障都受制于同级党委、政府，在实际运行中成为党委、政府的一个工作部门，监督权受制于领导权，监督机关缺乏应有的独立性，导致不愿、不敢对同级党委、政府及其主要负责人进行有效监督。故而"多种花、少栽刺""放礼炮、放空炮"成为同级监督中的常规选择。

三是"群众监督太难"。公开是监督的前提，知情是监督的保证。公民要有效行使监督权利，必须了解所需监督事务的内情。当前，国家机构运转的透明度还不高，尽管群众的眼睛是雪亮的，但因信息的不对称，监督权无法得到切实有效的行使。同时，在对举报人的保护机制还不健全的情况下，举报需要冒风险，付出代价，这都在制约着群众监督的积极性。

四是"法纪监督太晚"。纪律和法律是预防和惩治职务犯罪的两个重器，纪在法前，纪严于法，领导干部犯法必先违纪。纪检监察机关是党和国家专门的执纪机关，责任十分重大。然而，在新形势下，一些纪检监察机关并没有厘清自身的职责定位，在执纪执法工作中，纪律的武器没有充分运用，党章赋予的执纪监督问责职能未能有效行使，仍然习惯于退到法律的防线，挥舞法律的尺子，热衷于查办大案要案，忙于扮演党内的公检法角色，以致纪律处分的预防作用难以发挥，不断出现"昨天还是好干部，今天成为阶下囚"的反常现象。

在权力过于集中与监督机制薄弱的共同作用下，身为领导干部尤其是主要负责人，面对巨大的廉政与履职风险已是不争的事实。北京师范大学中国企业家犯罪预防研究中心近四年来发布的《企业家刑事风险报告》表明，在引发职务犯罪风险的企业高管人员中，身为"一把手"的董事长、总经理或法定代表人的比例，始终处于60%以上的高位。从党政系统的职务犯罪尤其是腐败犯罪发案情况来看，也同样存在类似的问题。

同时，要充分认识到"一把手"职务犯罪的特殊危害性：是滋生塌方式腐败、形成腐败窝案串案以及导致一方政治生态恶化的主要原因。有"收礼书记"之称的安徽省萧县原县委书记毋某某，因受贿被判处无期徒刑，剥夺政治权利终身，就属这方面的典型。

调查显示，毋某某是无处不收礼，在办公室、宿舍收礼，挂职、生病、外出学习也要收礼，甚至在被调查时仍有人送钱。该案牵涉出129名党政系统的同僚和下属，几乎涵盖了该县县委、县政府各主要职能部门以及各乡镇机关，只有少数"权小、钱少、人少"的部门得以幸存。给毋某某行贿的人主要有三类：一是县直机关"一把手"；二是乡镇"一把手"。萧县一共23个乡镇，仅7个乡镇保持了"纯洁"，一些乡镇"一把手"甚至联合送礼；三是商界人士，尤以建筑商居多。行贿人的类型在当前"一把手"的贪腐案件中，也很有代表性。

大权在握又缺乏有力的监督，不仅对领导干部个人而言，预示着重大的滥用权力风险，而且这种权力的滥用必然会危及众生、祸害一方。对总揽一切的执政党而言，固然必须以"壮士断腕"之毅力，革除这一由来已久的体制性痼疾。否则，全面反腐与全面改革都将严重受阻。但作为领导干部尤其是"一把手"，也必须对此有充分的警觉。

四、权力任性何以滋生风险

任性，意为听凭秉性、欲望行事，放纵不约束自己。2014 年以来，"任性"一词成为网络热词。其缘由是江西男子老刘网购保健品，4 个月被骗了 54 万余元。老刘在被骗 7 万元时就已发现被骗，却没有割肉止损，理由是"想看看骗子究竟能骗走多少"。于是，在新闻跟帖中，有网友感叹："有钱就是任性。"随之，"有钱就是任性"火爆网络。

任性，作为一种率真的个性，本无可厚非。《世说新语·任诞》中"雪夜访戴"的典故，讲的就是这样的故事。王子猷某日突然想念戴安道，便冒雪连夜乘船前往造访。天亮时王子猷才到戴家门前，却连门都没敲，转身就走。仆人问这是何故，王子猷说："吾本乘兴而行，兴尽而返，何必见戴？"

对普通公众而言，"有钱就是任性"，那是他的私事，是他的自由。但是，对领导干部而言，其身份和职责决定了虽然掌握有权力这种稀缺资源，却没有任性行使权力的自由。因为，领导干部手中的权力姓"公"不姓"私"，出于为"公"的目的善加运用，是为官者的本分。如果"有权就是任性",则会面临现实的遭受法纪制裁的风险。因此,即使抛开为国为民建功立业不说,也只有不任性地小心行使自己手中掌握的权力,才能保障自己为官的持续与最终的安全。

任性,几乎是权力的天性。法国哲学家孟德斯鸠在《论法的精神》一书中指出:"一切有权力的人都爱滥用权力,这是万古不变的经验。"将"权力"作为工作和社会交往中"任性"的资本,必然会无视法纪,恣肆任性,胆大妄为,其结果是害党、害国、害他人,也害自己。这样"任性"的惨痛教训,古今中外俯拾即是。周幽王"任性"博褒姒一笑,不惜"烽火戏诸侯",最后身死国灭;隋炀帝"予智予雄,任性妄为,剥削不顾民众死活,浪费只求本人快意",结果失人心、丢江山;明万历皇帝"任性"于声色犬马,数十年不上朝,荒废国政,以致史家感慨"明之亡,不亡于崇祯,而亡于万历"。

可见,对为官者而言,由"任性"而"妄为"是一种发展逻辑。同时,权力任性的多发,也是我国目前权力过于集中这一体制性弊端的必然产物。

有的人一旦走到领导岗位或为官日子久了,就在自觉不自觉中变身为"家长""老板",重大决策自行其是,不容有任何质疑或反对;有的领导干部本事不大脾气大,专横跋扈,盛气凌人,固执任性,难以共处;有的领导干部大权在握,天马行空,独断专行,说话做事完全不以法律规定为依据,以致"老子天下第一",凌驾于组织之上，凌驾于法律之上。这都是权力任性的典型表现形式。

反观当前，许多被拍的"苍蝇"、被打的"老虎"，虽然掌握的权力大小和含金量相差悬殊，但有一个基本的共同特点：都忘记了权力的公共属性，对待权力如同对待自己的私产，全凭自己的好恶、兴趣和个人意志任意运用。如此，怎能不遭受公权力的报应。

仇某，就是这方面的例子。

仇某历任江苏省宿迁市市委书记、江苏省副省长、云南省昆明市市委书记、云南省省委副书记，曾荣获"中国改革开放30年杰出人物"和"中国改革开放30年社会人物"等多项殊荣。但在他的为官路上，任性的特征一路相伴：从任职县官到升任省级领导，一意孤行，肆意"大拆大建"，使"老城""春城"变成"拆城"，在其二十多年的仕途中，"拆建修"成为其政绩工程的重要手段；给"全民招商引资"定指标，完不成就给予降级撤职处理……一系列任性的作为，给仇某赢来了"任性书记"的"雅号"。仇某"任性书记"的称谓，可谓实至名归。盘点在其任职期间的些许往事，便可窥其任性的程度。其一，新任江苏省沭阳县县委书记时，面对脏乱环境，勒令全县5000多名机关干部充当"清洁工"。仅凭其个人意志，全县5000多名机关干部放下日常管理事务，投身环境整治工程，被人争议其"不抓工，不抓商，只抓四面光"。决策中的民主参与原则、程序相应原则、依法决策原则等荡然无存。其二，在一次招商引资会上，昆明市呈贡县投资促进局副局长蒋某某因在会上打瞌睡而被仇某点名批评，之后仇某罔顾《公务员法》的明文规定，仅以此一点便勒令其辞职，成为全国皆知的"瞌睡门"事件。其三，在江苏宿迁任职时，推行医改、教改的全面私有化，要求公职人员离岗经商，"叛逆式"的改革虽然使宿迁经济大为改善，但随之而来的却是社会矛盾丛生。在云南任职时期，仇某沿袭了过往的激进性改革措施，出售公立医院和学校，面对众多的批评，不以为意，甚至在昆明市人民代表大会上说出"绝对不能少数服从多数"的骇人之语。个性变为任性，人治淹没法治，这种以牺牲民主法治为代价的改革，无论其真实的动因何在，"出事"是必然的。2015 年 3 月 15 日，仇某因涉嫌严重违纪违法，接受组织调查，就此终结了自己的为官生涯。

仇某一度被视为"明星官员""能吏"。先前，对于仇某之类作风霸道及任性行使权力的"强势"官员，尽管人们颇有微词，但往往仅作个人秉性考量，甚至还将其解读为"有个性""有魄力"。但在践行全面依法治国和全民从严治党的今天，一些类似仇某的官员，如果不能自觉以规矩为尺度痛改前非，必然会穷途末路。

在权力任性的背后，绝不是什么个人的秉性，而是官员个人意志至上的集中反映。长官意志脱离了制度的制约，就如同脱缰的野马，会造成破坏性的发展，它与法治理念下的"善治"毫无相同之处，更与"五大发展理念"水火不容。

治理"权力的任性"是现代政治的难题之一。李克强总理在2015年作政府工作报告时指出："大道至简，有权不可任性。"作为领导干部，只有切实转变观念，习惯于在"聚光灯"下行使权力，在"放大镜"下开展工作。手握权力，就要心有所畏、言有所戒、行有所止。只有如此，才能掌好权、用好权；也只有如此，方能保障履职安全，远离违纪违法的职务风险。

五、漠视法纪何以滋生风险

纪律、法律，是规范人们行为的准绳。一般来说，人类社会有四种基本的社会规范，即道德、宗教、纪律和法律。纪律、法律是制度化控制措施，是基本的社会控制手段。《左传·桓公二年》记载："文物以纪之，声明以发之，以临照百官，百官于是乎戒惧而不敢易纪律。"

为什么要遵守法纪？毛泽东同志讲："加强纪律性，革命无不胜。"对执政的中国共产党而言，要完成自己的使命与责任，必须有铁的纪律和法律；对公职人员来说，懂法、敬法、守法，是安身立命、建功立业的前提和保证。纪律、法律，既是"紧箍咒"，又是"护身符"。法治意识、纪律意识、规矩意识强，才能坐得端、行得正、走得远；反之，必定荆棘满途、险象环生。对身居领导岗位的公职人员而言尤其如此。

（一）不懂法纪以致风险

"知法守法"是个老生常谈的话题。可是，到底什么是合法，什么是违法，许多人并没有清楚的认识。法律意识模糊、全凭个人好恶感觉和经验行事的大有人在。一些领导干部不注重学法纪、不懂法纪，没有弄明白法律、纪律规定我们怎么用权、什么事能干、什么事不能干，脑子里界限不清、底线不明，在行使职权的过程中，违纪违法的风险自然会如影相随。因受贿200万元而被判处有期徒刑14年的南昌铁路局原党委委员、工会主席沈某某，在反思自己腐败堕落的原因时说："我放松了学习，特别是对法律知识的学习少之又少。我的失足再一次证明，一个不懂法的领导干部，是多么容易做出违法犯罪的事情。"

客观地讲，许多职务犯罪者在早期表现不差，并非素质低下或丧尽天良、作恶多端的人，有的在工作当中还曾取得骄人的业绩，然而由于不懂法纪，他们常常迷失于社会中所谓的"惯例"和"俗成"当中。当走上领导岗位或职务升迁后，如果对此不能反省并对自己提出更严格的自律要求，对"惯例"和"俗成"的尊重和信奉，就会与法律和纪律的界限与约束发生碰撞，就会吞下身败名裂、亲人蒙羞甚至家破人亡的恶果。东北特殊钢集团国贸公司亚洲部原经理李某的忏悔，就是这方面的一个缩影。

1992年大学毕业后，我到国家级特殊钢企技术中心工作。我突破所学专业的局限，忘我地学习、钻研特殊钢冶炼、加工、热处理、金相、性能检验整个工艺流程，向书本、老主任专家、一线工人学习，很快成长为独当一面的技术骨干，负责或参加多项国家级、省部级新材料研制课题以及企业工艺攻关项目，获得省部级科技进步奖等多项奖励。2000年，为适应国际市场的竞争，集团战略调整，我作为高级工程师被抽调到集团进出口岗位。由于技术扎实，业务能力强，2001年被任命为亚洲部经理。带领团队在出口特殊钢产品的同时，引进国外先进标准，为国外使用者提供优质产品和服务。亚洲部创汇额占整个集团创汇额由之前的不足20％上升至70％。随着我们出口量的突飞猛进，极大地支持了货运代理完成船舶公司的订舱任务和业务量。货运代理提出给我回扣，最初我隐隐觉得有些不妥，但听到这是货运代理的行规、"潜规则"等解释，我在思想上根本没有将这些同犯罪联系起来。因为觉得不损害国家和单位的利益，又不偷不抢，怎么能是违法犯罪呢？在担任亚洲部经理期间，我曾果断地拒绝了客户在价格和配额等方面与我共享利益的各种提议和请求，因为我认为那才是有损集团公司销售秩序和利益的，是损公肥私的行为，是犯罪。这方面，我丝毫没有越雷池一步。就这样，货运代理说明货运价格仍按市场正常价格，不会额外涨价后，我便欣然接受了。不承想，就是当年的一时糊涂，将自己送入了高墙、电网与铁窗之中。

作为搞技术出身的管理者李某，在其忏悔中所说的"思想上根本没有将这些同犯罪联系起来"，在现实中不乏其例。就其犯罪的心理原因来看，在于缺乏基本的法律意识，不能正确识别违法犯罪的界限，以致把行业或圈内的某些多发性行为，当成了合法合规的行为。但违法犯罪的认定，不以行为人是否认识到自己的行为具有违法性为转移。只要客观上实施了违法行为，就应当受到法律的处罚。

（二）不敬法纪以致风险

较之"不学法不懂法"，自恃身处领导岗位或位高权重，有法不依，不敬畏法纪，视法纪为点缀，甚至视法纪为自己权力任性的累赘，更是一些职务犯罪者最真实的犯罪原因。

我国缺乏法治的传统，权力至上、以言代法、权大于法等反法治的观念在历史上长期占据着支配地位。这种权大于法、有权就可以任意妄为的不良观念，在权力运行的监督制约机制又不够完善的现实环境的滋润下，在不少领导干部的头脑中可谓根深蒂固。

领导干部思想上不敬畏法纪，在工作和生活中，自然会导致人治思想占上风，长官意识严重，官僚主义盛行。由于脑子里缺少了法纪这根弦，一旦当了官、有了权，就容易昏昏然、飘飘然，找不到北、搞不清自己是谁了；就容易放大自己，自认为自己比别人要高出一等、聪明一截。于是，就会倾向于凡事自己说了算；就会视依法依规行使手中权力为不必要的条条框框，是妨碍自己开拓进取、建功立业的绊脚石；就会为了办成事、"办好事"，随意触碰、践踏纪律的底线与法律的红线。因此，不敬畏法纪的人，一旦因把关不严混进了领导干部队伍，就会成为害群之马并危害一方。对这类领导干部而言，以遭受法纪的制裁而终结职业生涯，是一种十分自然的结局。

因受贿30多万元而被判处有期徒刑6年的云南省新平县原县委常委、常务副县长夏某某曾对办案人员说，自己在工作上一直兢兢业业，也取得过工作成绩，却没把党的纪律和国家的法律当回事，拒腐防变的防线没有筑牢，导致自己走上了犯罪道路。如果说这类犯罪的领导干部尚可归入"能人"犯罪之列的话，山东省农业厅原党组副书记、副厅长单某某，则是对法律毫无敬畏之心、视法纪为无物的典型代表。

2014年，因"离婚承诺书"而"出名"的单某某，因受贿737万元被判有期徒刑15年，并处没收个人财产200万元。2012年11月28日晚，一份按有红色手印的"离婚承诺书"在网络上疯传。承诺书中写道："我单某某承诺，自今天开始一个月内和×××离婚，离婚后与苏某某结婚。特此承诺。"网友据此搜出了单某某的简历，发现写下这份承诺书的，居然是一名副厅级干部。据办案人员讲，单某某从不掩饰对钱权色的欲望。在他看来，收别人钱物是人情来往，与女人保持不正当关系是生活小节，法纪意识淡薄到令人吃惊的地步。作为厅级干部，虽然平时能接触到很多廉政和法纪方面的材料，但他经常是一翻而过，即便是组织上要求参加讨论或剖析思想，也是得过且过，应付了事，从没有入脑入心，更不用说跟自己的思想行为挂钩。"看的与做的不挂钩，听的和想的不挂钩"，这是单某某落马后的自白。在这一自白的背后，更是他对自己的行为已经触犯党纪国法的惊讶："朋友请托，该办、可办、办了，收了钱物，感觉心安理得；对朋友请托不该办的违规之事，如果办了，面对送来的钱物，觉得更应该收下。我冒着风险给你办了这个事，难道不应该吗？现实中，自己就是这样，一步步，一件件，由小到大，由该办的办了，到不该办的也办了，最后把自己办成了腐败分子。"

较之单某某的视法纪为无物，2015 年 9 月因涉嫌受贿被检察机关依法逮捕的四川音乐学院原党委书记柴某某，则代表了公然藐视法律、凌驾于法纪之上的职务犯罪者。

从相关报道来看，柴某某在四川音乐学院一人独大、唯我独尊，忘乎所以、为所欲为。提拔干部由他自己说了算，安排众多亲属进入学院工作，以致四川音乐学院被戏称为"柴家大院"。尤其面对持续不断的举报，柴某某"高调"反击，当着全校干部职工多次放"狠话"："谁让我一时不好过，我会让他全家一辈子不好过"；"反对我就是反对共产党"……可见，其违法犯罪猖狂至极，身居官位、藐视法纪，只能是自掘坟墓。

（三）不依法纪以致风险

有位作家说得好："法律是火车前进的轨道，是空中缆车的钢索，是跨越大江大河的桥梁，是漂洋过海的船舶。"只有依法而行，才能到达成功的彼岸。对社会成员如此，对领导干部更是如此。

相对于因不懂法、不敬畏法律而违法犯罪的现象，因法治观念淡漠，不依法履行职责、不按正当程序行使权力而引发的职务风险，无疑更为普遍。在这种更为普遍的背后，反映的正是我国的法治环境亟待改善与领导干部的法治意识和依法办事能力亟待提高的现实。

关于现行的法治环境与领导干部法治思维与依法办事能力究竟如何，一位新华社记者于 2014 年 10 月 18 日跟踪采访捕捉到的一组镜头，可以从一个侧面予以展示：

【镜头一】在跟随一位市委书记调研时，这位书记在车上对我大谈加强法治的紧迫性，尤其是领导干部带头守法的重要性，而下车后，他在指挥拆迁时，大手一挥，把这个拆了，把那个拆了，很难感觉到他的法治思维在哪里，可谓"谈法治时滔滔不绝，做决策时权力滔滔"。

【镜头二】一位现任的省级领导不无忧虑地说，当年在当市委书记时，朋友想让他干预一起法院审理的案件，他回复说，法院独立审案子，自己无权干预，结果这位老友拍着桌子吼道："全市都归你管，法院还能不听你的？"这位省领导说，自己当时后背发凉，"你说要搞法治，但别人却不信"。

【镜头三】接受采访时，一位当基层政府法律顾问的律师正在写辞职报告。他道出了其中原委：当地领导在做决策时，一遇到法律红线，就要求他这个当法律顾问的想办法突破，甚至是做假文书来对付监督，实在受不了这样的煎熬，于是决定辞去法律顾问一职。

更有甚者，有的行政机关竟然公然否决法院的判决。陕西国土资源厅原厅长王某某，于2015年5月因涉嫌受贿罪被逮捕。王某某的落马显然与众不同，因为他就是轰动全国的以国土厅协调会意见否定法院生效判决事件的主角。

一组现实的数据同样印证了目前我国的法治环境亟待改善的现实：作为拥有13亿多人口的大国，每年的行政诉讼案件只有10万件左右，民告官难，仍是一个普遍的现象；我国的法律90%以上由行政机关组织实施，在不少领域，行政执法不严、执法不公等问题还较普遍存在。

上述现象反映了一个共性的现象：法治仍然被权力所笼罩，权力的运行还难以真正进入法治轨道。

但是，党的十八大以来，法治建设的推进力度前所未有，法治建设的春天已经来临。对于那些习惯于谋划工作、处理问题遵循人治传统，想问题、作决策、办事情，长官意志突出，不注重养成法治思维习惯，仍然率性而为的领导干部，将为自身的职业生涯埋下巨大隐患。

六、为官不为何以滋生风险

为官不为，是指依据法律和相关规定，领导干部应该履行并且可以履行职责时，不及时或不正确履行自己职责的各种情形。为官不为，是对法定义务的逃避，不仅是领导干部遭受失职渎职责任追究的主因，而且在"该为而不为"的背后，往往存在权力与利益的交换动机，容易诱发腐败风险。在新形势下，对为官不为的风险，应当比先前任何时候都要更加警惕。

"坚决整肃庸政懒政怠政行为，决不允许占着位子不干事。"在 2016 年十二届全国人大四次会议开幕式上，李克强总理掷地有声的话语，道出了人民的心声，也警示着为官不为的现实风险会陡然增大。

一段时间以来，庸政懒政怠政现象如同国家肌体上的"慢性肿瘤"，侵蚀着政府的执行力与公信力，致使党的一些方针政策、发展战略得不到认真执行，不能顺利落地。由于它们的存在，平常时候误事，关键时刻坏事，给改革增加成本，让发展错失机遇。庸政懒政怠政，虽然本质上就是腐败，但这种隐性腐败、消极腐败，还没有像显性腐败、积极腐败行为那样受到应有的惩处。

对主一方之政、握一事之权的领导干部而言，通过庸政懒政怠政的表象，应该看到，这是自己心中只想着"平平安安占位子、舒舒服服领票子、庸庸碌碌混日子"的表现，是对自己"为政之道，民生为本"基本职责的严重背离；应当意识到，这是在利用现行干部选拔任用制度还不够完善，问责考核制度还太疲软的漏洞，搞装聋作哑和投机取巧；应当警醒到，坚决整肃庸政懒政怠政，已不再仅仅是一声吼，而是有高悬的"利剑"和坚实的"盾牌"来保障兑现——政府活动将全部纳入法治化轨道，"法定职责必须为"，再"庸懒怠"就不只是道德问题了。类似于东莞涉黄问题的处理报道不断增多，便是一个明显的信号。

2014年2月9日，央视曝光了先前一直有反映的东莞部分酒店和娱乐场所涉黄问题的处理结果：省公安厅会同东莞市纪委及时对民警失职渎职问题及背后的保护伞进行了严肃查处，对包括东莞市副市长兼公安局长严某某、东莞市公安局党委副书记兼副局长卢某某等公安局"一把手""二把手"在内的40名涉嫌失职渎职的领导和民警进行了严肃查处和问责，对15名涉嫌犯罪的民警及时移送司法机关追究刑事责任。

"当官不为民做主，不如回家卖红薯"的谚语，代表了中国文化对为官不为者的贬斥。然而，为官不为现象却是个老问题。唐玄宗时宰相卢怀慎，生活上清正廉洁，可政务上毫无作为，被人戏称为"专门陪吃的宰相"；宋神宗时宰相王珪，每次上朝高呼"取圣旨""领圣旨""得圣旨"，无所建树，被时人讥讽为"三旨宰相"。清朝纪晓岚在《阅微草堂笔记》中，讲了一则值得为官者谨记的寓言故事：一个官员在阎王面前自称一生为官所到之处只喝老百姓的一杯水，无愧于鬼神。阎王微笑着说："设立官制是为了治理国家、造福百姓，下至管理驿站、闸门的小官，都要按着理法来权衡利弊。如果说不要老百姓的钱就是好官，那么立个木偶在公堂上，它连水都不喝一口，不比你更好吗？"官员辩解道："我虽没有功劳，但也没有罪啊！"阎王又说："你一生处处求得的是保全自己，某个案子，你为了避开嫌疑没敢说话，这不是有负于民吗？某件事情，你怕麻烦没有上报朝廷，这不是有负于国吗？为官者，无功就是罪啊！"可见，为官就要勤政为民。否则，就是到了阎王那里，也是有罪之人。

党的十八大以来，一方面持续加大反腐肃贪力度，对公职人员内设"高压线"、外念"紧箍咒"，"老虎""苍蝇"一起打，坚持无禁区、全覆盖、"零容忍"，持之以恒正"四风"。先前绝少发生的官员因吃一餐饭受处分，因喝一顿酒挪位子，因开一次公车丢"帽子"的事，当下已见怪不怪。一些过去习惯于利用公权力吃喝玩乐的官员，开始感到"为官不易"了；面对以权谋私的风险陡然增大，为民当官的动力十分微弱了，当官不为的现象因此逐渐蔓延。

因为"不易"，所以"不为"；因为"不拿"，所以"也不干"。目前有这种心态者，显然不是一两个。还有的为官者认为，"做事"就会"出事"，"过硬"就是"过坎"；不做事就不会得罪人、不会留把柄，就不会有风险。为了"不出事"，宁愿"不做事"。"遇见难题绕着走，碰到矛盾就溜边"，"嘻嘻哈哈打圆场，嗯嗯啊啊充呆汉"。不求"过得硬"，只求"过得去"，成了他们修身、为官、处事的哲学。《人民日报》评论员就此评论道："一些人觉得要求严了，'当官没劲了'，在岗找不到感觉，干事提不起精神；一些人不收礼不吃请了，但该做的事也不做了；有的以差旅费报销太严为由，该出差的不出了，该下乡的不下了；甚至有的离开宴请吃喝，就不知道该怎么工作了。"

无论为官不为的具体动因如何，就其性质而言，在政治层面，是对党的性质和宗旨的一种背叛。邓小平同志曾说："世界上的事情都是干出来的，不干，半点马克思主义也没有。"在道德层面，是为官者忘记了为官的初衷，不知"以苟活为羞，以避事为耻"。习近平同志任职浙江省省委书记时，在其撰写的《要拎着"乌纱帽"为民干事》一文中就提出："每一个领导干部都要拎着'乌纱帽'为民干事，而不能捂着'乌纱帽'为己做'官'。"在法纪层面，是对"法定职责必须为"的漠视。当下，严肃追究为官不为者的责任，可谓官民同心，势不可当。再消极应付，已难保官位平安。

现实中，为官不为有多种表现形式：

一是推，不敢担责。有的官员工作中拈轻怕重，挑肥拣瘦，在"为"和"推"之间搞变通，看人下菜、看事下菜，领导说的就为，群众说的就推；领导看到了就为，领导看不到就推；遇事有利的就为，不利的就推；收费的事就为，不收费的事就推；有人请托就为，没人请托就推。

二是拖，不求效率。对职责范围内的事项议而不决、拖而不办，拖得条件发生改变，拖得别人失去信心，拖得不了了之，拖得无疾而终。邓小平同志曾给这类人画了个形象照："把文件传过来传过去，净画圈"，"有的事画圈画了半年还解决不了，究竟是赞成还是反对，也不知道"。

三是软，不敢碰硬。奉行好人主义，不分是非、回避矛盾，碰到棘手的问题，不敢抓、不敢管，能不得罪人就坚决不得罪人。有的怕伤和气，有的怕丢选票，拿原则换威信，用职权赢人缘，只求赢得位子、保住帽子。

四是守，不愿创新。疏于学习和思考，习惯于老套路、老办法，习惯于守摊子、混日子，缺乏闯劲、没有冲劲，畏首畏尾、墨守成规，习惯于走别人走过的路、吃别人吃过的馍。

五是空，不问实效。部署工作时满足于"以会议落实会议""以文件落实文件"，轰轰烈烈走形式，像模像样走过场，热衷于搞形式主义和形象工程。

六是昏，不明情况。不是不想为，而是不知道怎么为，对自己管辖、管理范围内的事项，不得要领、一筹莫展，不知所措、无所适从，当一天和尚撞一天钟。

七是乱，不讲规矩。不给好处不办事，给了好处乱办事，滥用职权、徇私舞弊，吃拿卡要、与民争利。

近年来，根据坚决落实全面从严治党和"两个责任"的要求，中央和地方加大了对为官不为问题的治理力度。2015 年 7 月，中共中央办公厅印发了《推进领导干部能上能下若干规定（试行）》，其中明确提出了领导干部六种"下"的渠道：从到龄免职（退休）、任期届满离任、健康原因调整到问责处理、违纪违法免职直至调整不适宜担任现职，为追究为官不作为的纪律责任提出了制度依据。同时，不少地区深入开展"为官不为"专项治理工作，同时注重把治理活动与制度建设相结合，如湖南湘潭市印发了《关于惩治三十种"为官不为"行为的规定（暂行）》；江西南昌市制定了《国家工作人员"为官不为""为政不廉"行为问责暂行办法》；四川德阳市规定了领导干部的"十类不作为"，对"十不为者"，分别予以批评教育、诫勉谈话、不评优秀、岗位调整、免职等处理措施。

除了纪律制裁外，依据我国《刑法》的规定，为官不为除了可能引发多种责任事故罪的风险外，《刑法》分则第九章更是专门设立了渎职罪，用 23 个条文规定了 33 个罪名，如滥用职权罪，玩忽职守罪，国家工作人员签订、履行合同失职被骗罪，等等。

可以预见，在从严治党、严格执法和公正司法的大背景下，各级各类领导干部面临的因不依法依规履行职权引发的风险将会显著进一步加大，"太平官"将再难安享太平。继 2014 年 8

月，湖南省政协原副主席童某某因为官不为被判处玩忽职守罪后，2015 年 9 月，四川省南充市原市委书记刘某某也因玩忽职守，被判处有期徒刑 3 年，就是鲜明的例证。

2011 年 10 月 19 日南充市委五届一次全会前，时任仪陇县县委书记的杨某某挪用公款 80 万元，自己出面或安排下属，向部分可能成为市委委员的人员送钱拉票，试图通过贿选当选市委常委。在查清上述事实的基础上，四川省委根据有关线索进一步组织深入调查，彻底查清了此次党代会之前在南充市有关干部民主推荐中存在的送钱拉票问题，以及时任南充市市委书记刘某某和市纪委、市委组织部相关负责人的失职渎职问题。上述问题共涉及人员 477 人，其中组织送钱拉票的 16 人，帮助送钱拉票的 227 人，接受拉票钱款的 230 人，失职渎职的 4 人；涉案金额 1671.9 万元。根据案件事实和有关党纪政纪、法律法规，对涉案人员全部做出严肃处理。其中，移送司法机关处理的 33 人；撤销党内外职务以上处分的 77 人；给予严重警告并免职、严重警告、警告或行政记大过、记过处分的 267 人；诫勉谈话、批评教育的 100 人。

七、沉迷爱好何以滋生风险

人生在世，都会有所爱好。荀子说："目好色，耳好声，口好味，心好利，骨体肤理好愉佚，是皆生于人之情性者也。"爱好是人正常生活中必不可少的一部分，是陶冶情操、放松身心、与社会交往的重要途径。明末清初著名散文家张岱曾撰《自为墓志铭》，坦言自己"少为纨绔子弟，极爱繁华，好精舍，好美婢，好娈童，好鲜衣，好美食，好骏马，好华灯，好烟火，好梨园，好鼓吹，好古董，好花鸟"，并有一颇为自得的名言："人无癖不可与交，以其无深情也；人无痴不可与交，以其无真气也。"官员也是凡人，在闲暇时间，抚琴、练字、种花、养鸟、吟诗、作赋、唱歌、跳舞、打牌、钓鱼，皆属正常，这些业余爱好既能释放压力、激发活力，又能涵养身心、充实人生，提升品位，何乐而不为？

然而，对于手握权力的官员来说，爱好却不是件小事。爱之无度，好之无道，很可能成为败坏作风的温床，成为诱发公权私用的陷阱。东汉时期，袁康、吴平合著的《越绝书》有言："好船者溺，好骑者堕，君子各以所好为祸。"《韩非子·外储说右下》

记载了公孙仪不受鱼的典故，生动说明了官员应当如何正确对待自己的爱好：

> 公孙仪相鲁而嗜鱼，一国尽争买鱼而献之。公孙仪不受。其弟子谏曰："夫子嗜鱼而不受者，何也？"对曰："夫惟嗜鱼，故不受也。夫即受鱼，必有下人之色；有下人之色，将枉于法；枉于法，则免于相，虽嗜鱼，彼必不能长给我鱼，我又不能自给鱼，既无受鱼而不免于相，虽嗜鱼，我能长自给鱼。"

公孙仪嗜鱼而不收受他人之鱼，在于他看透了"受鱼与枉法、丢官"之间的利害得失之理。明太祖朱元璋更是把爱好的利害关系，上升到了影响国家的治与乱的高度，对领导干部无不具有启示意义："人岂能无好？但在好所当好耳。如人主好贤，则在位无不肖之人；好直，则左右无谄佞之士。如此，则国无不治。苟好不当好，则正直疏而邪佞进，欲国不乱难矣。故嗜好之间，治乱所由生也。"

因此，为官者要谨慎对待自己的"小爱好"。尤其是面对急功近利、欲望亢奋的不良社会风气，应警惕和防止如下祸人祸己的爱好。

一是爱好低俗化。爱好与人的基本需要相联系。而人有两面性：既是社会之人，也是生物之人，故此，爱好在层次上有高级（高雅）与低级（低俗）之分。

高级爱好，主要对应于人的社会性需求，重在自我品性的修炼，责任感、爱心的培育，尊重感、归属感（团队意识）和成就感的提升，以此增强追求美好生活的动力；低级爱好，则对应于人的生物性需求，重在追求衣、食、住、行、性的满足。就人的健康生存和发展而言，两种爱好都需要，并且两种爱好可以相互促进。但是，当一个人的爱好专注于生物层面时，这种爱好就具有低俗化的特征。此时，个人的喜怒哀乐与对人生价值的认识，就会主要随着衣、食、住、行、性的满足程度而变化和转移，理想信念、社会责任等就会被逐渐销蚀。对为官者而言，这不仅是形成"腐化堕落""低级趣味"生活态度的开始，而且会符合逻辑地引发贪污受贿、失职渎职等违法乱纪行为。因为，衣、食、住、行、性与物质性需要相对应，其过度满足必以过度占有物质资源为前提。而要过度占有物质资源，就只能突破法纪的限制，利用权力敛财聚物。

2006 年被判死缓的海军原副司令员王某某，沉醉于感官刺激和吃喝玩乐，花 1200 多万元包养了 5 个情妇，着力追求庸俗的生活情趣，先后贪污、挪用公款 1.6 亿多元，对他而言，也就十分地自然。原江西省副省长胡某某贪恋女色，专注于"人生在世吃喝玩乐""不玩白不玩"的兴趣满足，自然就会有"有权不用过期作废"的做派。他在北京工作时，认识了一个比自己年轻 20 岁的女人，利用职权为其安排工作、购买住房。从 1995 年 5 月至 1999 年 8 月，在担任国务院宗教事务局副局长、江西省人民政府省长助理、副省长期间，先后 90 多次收受、索取他人钱物折合人民币 544 万余元，终于把自己送上了断头台。

二是爱好无度。"业精于勤荒于嬉。"一个人的精力是有限的，在兴趣爱好方面投入过多，甚至沉溺其中，势必分散精力、影响工作，贻误公务、妨害事业。同时，官员的爱好具有十分重要的导向作用。有的领导干部不注意把握好爱好的尺度，把个人爱好发展成一种不良风气，贻害一方，真可谓"楚王好细腰，宫中多饿死"。还有的官员通过权力把"爱好"无限延伸，为了自己的爱好而兴师动众，甚至把爱好作为敛财的手段。一些官员书画有所成就，便热衷于在书协、美协兼职，以抬高自己的身价，抬高自己的书画"润格"，爱好成为变相权钱交易工具。河南省人大常委会原党组书记、副主任秦某某就是因爱好无度而坠落的典型。

秦某某的蜕变过程，大多与他的爱好——艺术摄影分不开。1998 年 12 月，秦某某到河南省焦作市任市委副书记、市长，两年后担任市委书记。在他的力主推动下，焦作市调整经济结构，大力发展云台山旅游业。摄影就是在这期间走进他的工作和生活，并最终颠覆了他的人生。秦某某坦言，那时自己对摄影的"痴狂"与吸毒无异，可以把摄影教材放在饭桌上，认真研读忘了吃饭；可以为拍好一张照片，整夜整夜地不睡，反复揣摩其中奥妙；为尽快看到照片效果，可以让人当即将胶片从云台山送到北京洗印。为了拍出一张图片，有时早上三四点钟就起床；还有的时候，冒着生命危险，从悬崖上用绳索吊着拍。从 2008 年开始，秦某某从拍云台山风光，改为醉心于拍摄"水在不同光照条件下泛起的涟漪、闪烁的波光、律动的轨迹"的"真水"系列。由此一来，其人生价值追求，从一心想干好工作，转为"把摄影做到极致"。长期为秦某某提供图片制作服务的北京某影像有限公司老板曹某说："对迷上了摄影的官员，如果你送给他一台相机就相当于送上了精神鸦片，当他咀嚼精神鸦片的时候，就无法自拔。"正是这种正中下怀的"私人定制式"腐败，让痴迷摄影的秦某某在"毒瘾"中越陷越深。秦某某想在国内摄影界占有一席之地，曹某立刻提供了全程服务。秦某某想谋取中国摄影家协会主席的头衔，河南安阳某置业有限公司董事长李某及时出现，为秦某某张罗饭局，送钱送礼。秦某某"爱"之不当，"好"之无度，终为"雅好"所累。2015 年 2 月 13 日，秦某某因违反廉洁自律规定、挥霍浪费公共财产、收受巨额贿赂等问题，被开除党籍、开除公职，并因涉嫌犯罪移送司法机关依法处理。

三是爱好无道。爱好无度，必然导致爱好无道。而爱好一旦与权力结合，就会成为官员的"命门"，沦落为被人利用的工具。"厦门远华案"主犯赖某某就深有体会地说："不怕领导讲原则，就怕领导没爱好。"你嗜吃，就投之甘饴；你嗜酒，就投之佳酿；你嗜色，就投之粉黛；你嗜捧，就投之谄言。如此，就会逐渐成为自己爱好的阶下囚。厦门海关原副关长接某某起初对赖某某还怀有戒心，多次拒绝赖某某所送的钱物。后来赖某某打听到接某某爱好收藏字画书籍，便"投其所好"，出重金购买了由国内九位知名画家联合创作的《牡丹图》以及一套价值人民币 6.8 万元的限量发行绝版书籍送给了他，同时邀请接某某为远华牌香烟题写烟名，借此与接某某联络感情，拉近距离，从而把接某某牢牢控制在自己手中。安徽省原副省长倪某某爱玉成性，也是因爱好无道而毁的另一个典型。

2008 年，倪某某担任安徽省副省长，分管国土资源工作，未经组织审批同意，就担任了省珠宝协会名誉会长，接触上了玉石，从此一发不可收拾。在赏玉、玩玉的需求感和满足感的驱使下，倪某某不能自己：看电视、看书，玉不离手；穿得多时，脖子上还要戴上一个玉石挂件；每到周末，把喜欢的玉石玉器铺开，一件一件欣赏；每隔两周，给精品玉石玉器逐一打蜡、上油；到外地出差，再忙也要挤时间到当地的玉器市场或商场看一看，甚至借机绕道到玉石产地和玉石市场；随身携带小电筒、放大镜，到商场、古玩城检验自己的赏玉水平，在与玉石老板的交流中，享受当专家和被认同的快感。倪某某钟情于玉石，不止于爱好，更因为他深谙其价值。安徽某金属材料有限公司监事会主席吉某某、某房地产开发公司负责人黄某某等人，觊觎倪某某手中的权力，一次次投其所好、为他埋单。

而倪某某明知玉石价值不菲，却照收不误，对好的和田玉更是
来者不拒。倪某某接受了大量好处后，自然就利用手中的权力
大肆为他们牟利。倪某某说，吉某某和黄某某最初给他送钱送
物，也曾被他拒绝，后来他们改送玉石，便难抵诱惑，并作为
一种乐趣和欲望来享受，从而越陷越深。2013 年 6 月，中央
纪委对倪某某立案审查；2015 年 2 月，法院以受贿罪、巨额
财产来源不明罪，一审判处倪某某有期徒刑 17 年，并处没收
个人财产人民币 100 万元。经法院认定，玉石价竟然占到了其
受贿数的 68% 以上。

可以说，爱好的低俗化、过度化与不当化，不仅是领导干部
自我堕落的开始，而且也为试图做权钱交易者开通了一条屡试不
爽的捷径。为官者要远离职务风险，就得注意给自己的情趣爱好
也扎上"篱笆"，不要轻易"示爱"，并且切莫把属于私生活的爱
好与手中的公权力勾兑起来，给人以可乘之机。

八、官商勾搭何以滋生风险

美国学者亨廷顿说："腐化的基本形式是政治权力与财富的交换。"具体到我国现阶段，政商关系不良，是现阶段领导干部面临的违纪违法风险的重要来源。尤其在贿赂风险的爆发方面，政商关系不清与用人不讲规矩是并列的两大主要诱因。

面对现实中还存在诸多权力与财富可以相互勾兑的机会，身居领导岗位，如果对此缺乏足够的警惕，又不注重切实增强这方面的抵御能力，应该说将很难逃脱权钱交易的魔咒，从而将自己置于违纪违法乃至犯罪的风口浪尖。

北京师范大学企业家犯罪预防研究中心自 2012 年以来发布的《企业家犯罪年度报告》表明，企业家犯罪与官员职务犯罪之间，存在明显的伴生现象。在官员贪腐犯罪的背后，往往存在一连串的企业家利益输送；而在企业家犯罪的背后，又往往潜藏着一连串的政府官员贪腐与渎职行为。这种伴生现象反映出现阶段权力与资本在不少领域存在不正当的亲密结合的空间和条件。对执政者而言，通过这种林林总总的亲密结合关系，更应看到的是亟待克

服的深层体制性缺陷与制度运行的不良，对领导干部而言，则应
认识到要努力提升避免落入官商勾搭陷阱的主动防范意识与行为
能力。

由于政商关系代表了人类社会两大难以兼得的稀缺资源：权
力与资本的关系，历来都是非常微妙与敏感。权力的天然扩张性
与资本与生俱来的逐利性，使得二者一旦有了勾兑的机会，就会
如干柴烈火般熊熊燃烧，难以遏制。因此，如何防止官商交往偏
离正常的轨道，演化成勾肩搭背、用钱买权、以权换钱、互通有无、
互为利用的利益交换与利益结盟关系，成为古今中外社会治理和
反腐倡廉的一大难题。

在中国，由于历史文化等方面的原因，政商关系又是尤其
复杂。

在封建社会，占主导地位的是地主——农民二元政治经济体
制，商人群体因其极强的空间流动性而与此不相容，重农抑商成
为历代封建王朝的基本政策，商人群体也因此处于"士农工商"
四阶层中的最低层。史学大师钱穆在《中国历代政治得失》中总
结道："中国传统政治上节制资本的政策，从汉到清，都沿袭着。"
处于从属附庸地位、受到排除打压的商人群体，为寻求发展，无
可选择地谋求与官员的联姻，商人用财富换取权力庇佑，官员用
权力换取财富供养，"官"与"商"各取所需、互相利用、寄生共荣，
形成了"贾为厚利，儒为名高，一弛一张，迭相为用"的社会生态。
当代历史学者王亚南、傅衣凌曾就此指出："秦汉以后的历代中国

商人，都把钻营附庸政治权力作为自己存身和发财的门径。"财经学者吴晓波分析说："在高度专制的中央集权制度下，中国的这一部企业史，归根结底是一部官商博弈史。"中国古代的著名富豪中，无论是范蠡、吕不韦、白圭，还是陶朱公、沈万三，其成功的秘诀就是官商一体。红顶商人胡雪岩更通过与王有龄、左宗棠之间的结盟，获得了与朝廷做生意的机会，从而积累了"富可敌国"的巨大商业利益。

改革开放后，原本人们比较陌生的政商关系问题，也日益成为中国经济体制改革和反腐倡廉建设的热门话题。2015 年 2 月 2 日至 2 月 28 日，人民论坛问卷调查中心就官商关系问题进行调查，结果显示，64.6% 的受访者认为当前官商勾结现象严重，其中，26.1% 的受访者认为"非常严重"，38.5% 的受访者认为"比较严重"。

如果说在封建时期，商人是因为抑商政策而无可选择地与官员勾结的话，那么，在我国现阶段，官商勾结引发的腐败现象之所以十分突出，那是因为在大力发展市场经济的同时，"让权力在阳光下行使"的政治体制明显滞后，从而为公共权力的市场化（资本化、私人化）留下了较大的制度上的空间，为公职人员与商人、领导干部与企业家之间自由进行权力与利益的勾兑提供了很现实的机会。

一方面，我们的经济发展，一直是政府主导型发展模式，市场化改革虽然一直在进行，并且十八大以来，更是提出了"要让市场在资源配置中发挥决定性作用"的深化市场化改革目标，但在社会资源配置与市场秩序维护方面，政府这只"无形之脚"，还是时常在"踩"市场这只"无形之手"，政府与市场的边界仍然不够清晰，政府部门直接掌握和控制着土地、矿产资源、税收优惠、行业准入、公共基础设施建设等一系列重要经济资源与制度资源，政府官员干预微观经济活动的手，依然可以伸得很长，经济组织尤其是数量众多的民营企业要想发展壮大，在许多方面必须依附于仍然巨大的政府力量，难以回避或剔除与官员的紧密交往。而商业组织的趋利本能与超强的应对市场环境的灵活性，必然会进一步放大企业与政府、企业家与官员的交往中，以利换权的投机性和腐蚀性。

另一方面，中国的市场经济发展时间不长，商人或企业家群体的成长带有鲜明的自发性倾向：满怀着追求财富的梦想与激情，直奔着商机和利润而去，不讲究获利的正当性与合理性，以"诚信、责任和创新"为核心的现代企业家精神，距离他们还有相当的距离。这也是现实国情的一个侧面。他们面对激烈的市场竞争，在官商勾结又可以大行其道的条件下，不少人形成了"经营权力比经营市场效率更高"的观念，并倾向于通过官商勾结牟取暴利，在从商者看来，再正常不过了。对此，财经作家吴晓波在《大败局》一书中，对我国企业家的现状有这样的解读："草创型的中国企业家群体，在某种意义上算得上是'功利的、不择手段的理想主义者'的俱乐部，在这个特殊的群体中蔓延着一种病态的道德观。""我们的许多企业家缺乏对游戏规则的遵守和对竞争对手的尊重，在捍卫市场公平这个层面上，他们的责任感相当淡薄，往往信口开河、翻云覆雨，他们是一群对自己、对部下、对企业负责的企业家，而对社会和整个经济秩序的均衡有序则缺少最起码的责任感，这种反差造成了他们的个人道德与职业道德的分裂症状。"

正是市场化改革的不到位与市场法治环境的不良，使得官商之间原本就有的犹如磁铁的两极相互吸引的特性，在现实中轻易就能突破交往的规则限制而形成权钱交易的格局。这种格局的形成，既扭曲了市场机制，降低了市场效率，造成社会不公，严重阻碍着经济社会健康发展，也给当下的官员群体与企业家群体带来了巨大的职业风险。细数一下被查处的腐败官员，无论是科处长，还是省部级甚至国家级官员，很少有与企业家不存在权钱交易关系的；同样，企业家被查处，也很少不牵连出一串腐败官员的。

2012 年的铁道部原部长刘某军案件，之所以引发社会关注，不仅涉案官员位高权重，更为重要的是，该案集中展现出企业家与政府官员相互勾结、形成利益同盟的现象。涉及该案的犯罪或接受刑事调查的企业家中，至少有中铁集装箱运输有限公司董事长罗某某、中铁电气化局集团总经理刘某远、山西煤炭进出口集团董事长杜某某等人，当然更包括山西商人丁某某。

刘某军利用职务之便，为丁某某及其与亲属实际控制的公司获得铁路货物运输计划、获取经营动车组轮项目公司的股权、运作铁路建设工程项目中标、解决企业经营资金困难提供帮助，丁某某及其亲属获得巨额经济利益，丁某某则成为刘某军的"钱袋子"。2013 年 7 月 8 日，北京市第二中级人民法院对刘某军以受贿罪判处死刑，缓期两年执行，剥夺政治权利终身，并处没收个人全部财产；以滥用职权罪判处有期徒刑十年，数罪并罚，决定执行死刑，缓期两年执行，剥夺政治权利终身，并处没收个人全部财产。丁某某因行贿罪和非法经营罪，被判有期徒刑 20 年，罚金 25 亿元，没收个人财产 2000 万元。其中罚金数创个人罚金最高纪录。

对手握行政权力和重要社会资源的领导干部而言，在与企业和企业家打交道的过程中，既主动作为，为企业发展服好务，又坚持交往底线、保持应有距离，对于防止落入政商勾搭的陷阱十分重要。在这方面，习近平总书记在 2016 年"两会"期间提出的以"亲""清"两个字构建新型政商关系，值得认真学习和领会。

九、放纵身边人何以滋生风险

古人言："为清官甚难！"为何如此？因为"必妻子奴仆皆肯为清官，而后清官可为，不然则败其守矣"。可见，即使领导干部自己最初为官时还有清廉之心，如果身边人"不肯为清官"，也很容易走向腐败。

一些违法犯罪分子为了消除、减少领导干部的顾虑，或在正面腐蚀拉拢领导干部感到不顺或有难度时，常常把目标瞄准其身边人，尤其是其家人。在许多情况下，职务风险正是在领导干部与"身边人"的共同作用下，才不断升级和引发的。针对这一现象，2015 年 1 月 12 日，习近平同志在与中央党校第一期县委书记研修班学员座谈时，语重心长地指出："身边人害我们这些为官者的不在少数，被老婆'拉下水'、被孩子'拉下水'、被身边秘书和其他身边人如七大姑八大姨'拉下水'。"领导干部作为这类问题的主导方面，如果不加以重视和防范，就会害人害己，导致家门不幸。

领导干部"身边人"大致可以分为三类：一是因血缘亲属关系

而形成，包括配偶、父母、子女、兄弟姐妹等；二是因工作关系而形成，包括秘书、司机、部下等；三是因社会交往而形成，如情人、朋友等。在这三类"身边人"中，无疑以有血缘亲属关系的家人影响为烈。有人根据正义网公布的贪官资料数据指出，亲属共同受贿比例已达81%。姑且不论该数据的准确性，现实中官员腐败案往往与家人密切相关，多数都存在家风不良问题，则是不争的事实。

从司法实践中查处的案件来看，因放纵家庭成员而引发的刑事风险，有以下三种情形：

一是"开夫妻店"。《喻世明言》中说："娇妻唤做枕边灵，十事商量九事成。"配偶的言行对领导干部影响巨大，是左右领导干部能否保持清廉、守住底线的重要因素。如果领导干部的配偶明法纪、懂规矩、识大体，可以营造清廉的家庭文化，使领导干部始终走廉洁奉公的正道；反之，如果领导干部的配偶是欲壑难填、不讲法纪的内当家，则会把领导干部推向腐败，最终是"手铐有我的一半，也有你的一半"。

在"薄某某案"中，经法庭认定，1999年至2012年，薄某某明知并认可薄谷某某收受徐某财物折合人民币1933万余元，并利用职务便利为实某集团谋取利益。在长达十余年的贪腐中，薄谷某某多次向薄某某推荐徐某，在项目引进、土地租赁等方面，薄某某为徐某大开绿灯。作为回报，薄谷某某想在法国买别墅，徐某主动表示由他支付全部房款。2016年2月，被山东省高级法院以受贿罪判处无期徒刑的菏泽市原市委常委、统战部部长刘某某，在其当巨野县县委书记时，坊间就流传着"要升官，找大嫂"的顺口溜。判决书显示的情节，证实"要升官，找大嫂"的坊间传言不是空穴来风——巨野县官员们114次买官的钱，有96次是通过刘某某的妻子江某某送出去的。而刘某某告诫妻子的是："不能谁的钱都要。能给别人办事就收，不能办事就不收。"

二是"上阵父子兵"。《淮南子》有言："慈父之爱子，非为报也。"望子成龙，乃人之常情。但是，为官者，对子女无私的关爱，更应着眼于使其成为合格的社会成员，要警惕子女对自己手中的权力产生依附性与寄生性。如果利用权力纵容或无条件满足子女的非分要求，客观上无异于在"望子成囚"，就会应了"子不教，父之过"的古训。

现实中，父亲的"顶戴"也容易被子女视为自己通往成功的捷径，仗着"我爸是李刚"的戾气，聚敛钱财，以致"腐败父子兵"现象屡见不鲜。据媒体报道，沈阳市原市长慕某某的长女慕某在深圳闯荡多年，终于明白了"市长爸爸"所拥有的巨大能量，于是回沈阳创办了广告公司。每次到大企业拉广告时，她都会大言不惭地说："我是慕市长的女儿，给你们做个广告，开支票吧。"云南省原省长李某某也曾向其子面授机宜："你可以找一些合作伙伴，我给他们帮助，你负责拿钱。"有了父辈公权私用的庇护和帮助，生意自然做得顺风顺水、红红火火，但最后也是一起坠入法网。

2014年12月，因受贿罪被判无期徒刑的国家发改委原副主任、国家能源局原局长刘某某与其儿子刘某成，也是这方面的代表。

　　法院经审理查明：2002年至2012年，刘某某在担任国家发展计划委员会产业发展司司长及国家发展和改革委员会工业司司长、副主任期间，利用职务上的便利，为他人谋取利益，直接或通过其子刘某成收受他人财物共计人民币3558万余元。据媒体报道，刘某某97%的贿金是通过儿子收受的，其子刘某成21岁就开始收受贿赂。刘某成去加拿大留学，一些老板就鞍前马后把他安顿得妥妥帖帖；回国后，各路人马又"带着"刘某成合伙开公司。2005年间，北京一家汽车销售服务公司的实际控制人张某出资成立一家汽车4S店，送给刘某成30%的股份；2007年6月，刘某成提出"退股"，张某先后向刘某成支付人民币共计1000万元，"回购"了刘某成持有的股份。2005年下半年，应刘某某要求，广汽集团董事长张某某将刘某成安排到广汽集团在香港投资注册的骏威汽车有限公司工作；2007年，因刘某成不安心在香港工作，香港骏威公司下属公司遂专门为其设置驻北京代表一职，刘某成未实际工作，但从广州骏威公司领取薪酬共计121.306万元。2006年，浙江一民企董事长邱某来到刘某某办公室，二人唠起家常，邱某表示可以带刘某成一起做生意。2010年至2011年间，应刘某成的要求，邱某先后为他购买了一辆保时捷轿车和位于北京市御汤山的一栋别墅。

三是"全家总动员"。苏某是党的十八大以来第一位被调查的副国级高官，其妻于某某对其贪腐行为"贡献"颇多。苏某落马后忏悔道，家就是权钱交易所，他本人就是权钱交易所所长，不仅全家老小参与腐败，也带坏了干部队伍、败坏了社会风气、损坏了政治生态。《人民日报》曾刊发评论称：周某某、苏某、令某某等"大老虎"落马的背后，都呈现出家庭式甚至是家族式贪腐的特征。正是因为家教不严、家风不正，让他们把家庭当成了权钱交易所，把家人当成了利益共同体。除"大老虎"家族式腐败外，其他家族式贪腐现象一度也呈蔓延趋势。如 2010 年因受贿 3000 万元获死缓的广东省韶关市原公安局局长叶某某，有一个"宏伟目标"：2000 万元给儿子、2000 万元给女儿女婿、2000 万元给自己安度晚年。为了实现这一目标，不惜"全家总动员"。

除了家人外，"情人"在领导干部的腐败之路上，也经常扮演着重要的催化剂和助推器的角色。中国人民大学危机管理研究中心《官员形象危机 2012 报告》指出，在被查处的贪官中，95% 都有情妇，腐败的领导干部中 60% 以上与"包二奶"有关。中央纪委通报的纪律审查案例也显示，有情人、与他人通奸的官员不在少数。2015 年 1 月 1 日至 2015 年 9 月 1 日，中央纪委监察部网站"纪律审查"栏目中公布的违纪违法案件，就有 41 人存在通奸问题。从这 41 人的职务分布来看，包括了从地方"四大班子"成员到高校和国企的负责人，分布范围十分广泛。

安徽省阜阳市人大常委会原副主任、太和县原县委书记刘某某，可谓"自由诚可贵，情人价更高"的典型。

从踏入政坛直至47岁之前，刘某某也是个清廉刚正、口碑不错的人，2003年还被评为全省"勤廉兼优的党员领导干部"。之所以后来走上贪腐之路，其情妇的推力很大。刘某某的情妇赵某某是阜阳一家房地产开发公司的老总，两人因工作关系而相识，从开始喝茶、聊天，发展到出入高档会所，成为情人关系，并生下一男孩。2010年3月，商人康某找到刘某某，送其一幅价值156万元的观音画像，希望启动旧城改造项目，被刘某某拒收。康某不死心，终于打听到赵某某是刘某某的"软肋"，于是转攻赵某某，先后送其300万元现金以及12根金条、1幅观音画像、1条玛瑙项链，请其做刘某某的工作。赵某某收下贿赂后，表示愿意帮忙。在得知赵某某收别人钱物后，刘某某第一反应是让她将钱物立即退回去。但赵某某一改之前的温顺，哭闹不休起来，刘某某廉洁从政的心理防线在其哭闹中和自己的侥幸心理作用下逐渐崩塌，不再要求其退回巨额钱物，康某也因此顺利启动了自己想要的开发项目。

贪念一开，再难止步，直至最终的败露。既然认同了情妇所收的第一笔贿款，其后刘某某在承揽工程、征地拆迁、拨付工程款、公司上市改制等事项上提供帮助，伙同情妇收受他人财物累计2900多万元。2014年1月，刘某某因受贿罪被判处无期徒刑，剥夺政治权利终身，并处没收个人全部财产；其情妇被判处有期徒刑13年，并处罚金50万元。

继家人、情人之后，不注意约束身边的部属，也是诱发职务风险的常见因素。在领导干部身边工作的秘书、司机等，受到领导干部光环的照耀，也容易产生优越感，进而自鸣得意、忘乎所以，打着领导的旗号为自己谋取不正当利益。在这方面，以秘书或类似人员的腐败最为典型。在现行权力结构中，秘书虽然并不掌握具体的行政权力，但因其具有"隐形的寄生权"，如知情权、事项优先处理的安排建议权以及帮助面见领导的便利等，也能狐假虎威地创造各种寻租的机会。《聊斋志异·梦狼》篇记载了一则故事，对此做了生动描述：

邹平有一进士叫李匡九，做官颇廉洁贤明。曾经有一个富人，被人罗织一些罪名而送官究治。开堂之前，门役吓唬他说："当官的想要两百两银子，你要赶快回去措办；不然的话，官司就要打输了！"富人害怕了，答应给一半，门役摇摇手，表示不行。富人苦苦哀求他。门役说："不是我不想尽力帮忙，只怕当官的不答应。等到听审时，你可以亲眼看到我为你说情，看看当官的是不是允许，也可以让你明白我没有别的意思。"过了一会儿，李匡九升堂审案，门役知道李匡九早已戒烟，却走到他跟前低声问："你要吸烟吗？"李匡九摇摇头。门役马上跑下去对富人说："我刚才把你的数目告诉他，他摇头不答应，你看见了吧？"富人相信了，心里很害怕，答应如数送两百两。门役知道李匡九喜欢喝茶，又走到他跟前小声问："你要喝茶吗？"李匡九点点头。门役假托去泡茶，快步走下来对富人说："给你说妥了！刚才他点头，你看见了吧？"审理结案，富人获得了无罪释放。门役不仅收下了用作贿赂的钱，还向他索取谢金。

领导身边的工作人员，除了利用身份的特殊性私下出售权力外，还有可能充当"权力掮客"，在意图进行权钱交易者与领导之间穿针引线，撮合成交，以致形成共同腐败。实践中，这种情形并不少见。

十、圈子文化何以滋生风险

在《说文解字》中，对"圈"的解释是：一伙人为了混口饭吃而蜷缩在一起。这就不难理解为何"小圈子"里面的人，会以隔三岔五的饭局或聚会形式展现在别人面前。俗话说，"物以类聚，人以群分"。凡有人群的地方就有"圈子"。因为志向、趣味、年龄、职业甚至居住地点相近，自动形成人际交往的圈子，实属正常。春秋《诗经·小雅·伐木》中有"嘤其鸣矣，求其友声"的表述。飞鸟尚且需要寻求伙伴，作为社会性动物的人，更不能离群索居，更需要获得团队归属感。而圈子，正是人们获得团队认同、进行精神交流的基本形式。同时，脆弱的人们出于自我保护的需要而形成圈子，可以提升安全感。

在我国传统文化中，"圈子文化"向来是比较流行的。在普通人层面，遵循"圈子文化"，大抵上只是个人私生活的概念，只要不是三五成群成天商量着干坏事，就不具有社会危害性。但对于官场来说，形成"圈子文化"，绝对不是什么好事。现实中，为官者结成"小圈子"，往往并非为了社会交往的精神需要，而是渗入了个人私心。所谓的"同学圈""朋友圈""战友圈""老乡圈""同僚圈"，很容易演化成一个个独特的"权力与利益勾兑"的圈子，形成政治生活中纵横交错、五颜六色的不良微观生态环境，如风似雨又像雾，让人看不透、弄不明、理不顺，这就为更加高效地搞结党营私、以权谋私活动，提供了适宜的土壤、创造了良好的条件。为此，在以服务公众为指南的政治生活领域，"圈子文化"于党于国很不利，历来为我党所不容；对为官者而言，"圈子文化"也是滋生不良心理，助长权力滥用的培养基，于自己仕途的持续发展和幸福人生，也是有百害而无一利。

官场"圈子文化"盛行，也是公开的秘密。人民网曾做过一项调查，在8200多名调查对象中，85.04%的受访者认为身边的领导干部有自己的"小圈子"；75.70%的受访者认为，"小圈子"里的"小兄弟"，是"心术不正、趋炎附势的人"。当下不少为官者，之所以热衷于搞拉帮结派、团团伙伙，除了文化传统的影响外，也有制度层面和个人层面的原因。

一方面，官员特别是"一把手"中掌握的社会资源过多、过重，对权力特别是各级"一把手"权力的制约与监督又不到位，导致在重要资源的配置上主观随意性大而规则性预期严重不足。但"天下熙熙皆为利来，天下攘攘皆为利往"，是人类活动的基本法则。领导干部手握资源配置权，自然会对他人产生强大的掌控力与吸引力，就容易形成以之为中心并具有人身依附关系的圈子。

另一方面，一些领导干部每每忘记了自己是"公家人"的基本身份，把公权力视为己有，利用权力笼络人心，打造以自己为中心的独立王国；一些领导干部在仕途发展、职务升迁上急功近利，信奉"大树底下好乘凉"，迷信"圈子有多远，才能走多远"，把主要精力用于拉关系、找门路，揣摩某某是谁的人、是谁提拔的，该同谁搞搞关系、套套近乎，看看能抱上谁的大腿。只要有这些人存在的空间、发展的条件，大大小小、形形色色的圈子就总会形成。

对于团团伙伙、拉帮结派的巨大危害与风险，历届党和国家领导人都有很深刻的认识，并要求全党干部必须保持高度警惕。

早在 1937 年 9 月 7 日，毛泽东同志在《反对自由主义》中严肃指出："因为是熟人、同乡、同学、知心朋友、亲爱者、老同事、老部下，明知不对，也不同他们作原则上的争论，任其下去……结果是有害于团体，也有害于个人。"邓小平同志告诫说："党内无论如何不能形成小派、小圈子。我们这个党，严格地说来没有形成过这一派或那一派。三十年代在江西的时候，人家说我是毛派，本来没有那回事，没有什么毛派……""自我评论，我不是完人，也犯过很多错误，不是不犯错误的人，但是我问心无愧，其中一点就是从来不搞小圈子。过去我调任这样那样的工作，就是一个人，连勤务员都不带。小圈子那个东西害死人呐！很多失误就从这里出来，错误就从这里犯起。"在 2014 年 1 月 14 日十八届中央纪委三次全会上，习近平总书记也郑重提醒：党内决不能搞封建依附那一套，决不能搞小山头、小圈子、小团伙那一套，决不能搞门客、门宦、门附那一套，搞这种东西总有一天会出事！有的案件一查处就是一串人，拔出萝卜带出泥，其中一个重要原因就是形成了事实上的人身依附关系……需要注意的是，不能把党组织等同于领导干部个人，对党尽忠不是对领导干部个人尽忠，党内不能搞人身依附关系。干部都是党的干部，不是哪个人的家臣。

为什么说搞官场"小圈子"迟早会出事，迟早会害死人？只要把"小圈子"掰开一看，就会发现这个"圈子"具有生成和引发重大风险的结构与功能：以手握权力的领导干部为圆心，以其权力延伸的触角为半径，以依附领导干部权力牟取私利的人为圆周。这样的圈子，注重的必然不会是如何团结群众，努力为民所想，而是专注于如何结党营私，排除异己，讲小义而不顾大义。这就决定了，"小圈子"一旦形成，必定会祸国殃民，圈子里的人也难逃被"一锅端"的宿命。党的十八大以来查处的大量案例也充分表明，领导干部的腐败，大多都是"圈子腐败"。

但现实中，如何区分和识别是朋友、同事或上下级之间的正常交往，还是在经营和参与"小圈子"？对此，《论语》中提出了基本的区分标准："君子周而不比，小人比而不周。"朱熹在《论语集注》中进一步解释说："君子小人所为不同，如阴阳昼夜，每每相反。然究其所以分，则在公私之际，毫厘之差耳。"可见，理论上的正常社会交往与搞"小圈子"可谓泾渭分明，但实践中二者之间并没有天然的界限，需要警惕并具有识别能力。而养成这种警惕意识与识别能力的一个重要方面，就是深刻认识政治生活中

"小圈子"的特性与危害。

其一，官场"小圈子"是唯利是图的逐利圈子。圈子文化本质上是一种封闭的自私文化，所体现的人品官品，不是"君子坦荡荡"，而是"小人长戚戚"。欧阳修在《朋党论》中说："臣闻朋党之说，自古有之，惟幸人君辨其君子小人而已。大凡君子与君子以同道为朋，小人与小人以同利为朋，此自然之理也。"清朝小说家李海观在《歧路灯》中记述道："如今世上结拜的朋友，官场不过是势利讲究，民间不过是酒肉取齐。"虽然时光流转，官场"小圈子"并未丧失逐利的本性。那些参与官场"小圈子"的人，主要是为自己谋私利，不仅将人民和社会利益置之度外，关键时刻也会将"小圈子"内部其他人的利益置之度外。团团伙伙、拉帮结派只是途径，权力攀缘、利益交换才是目的。

其二，官场"小圈子"，是缺乏真情谊的投机圈子。投机性是"圈子文化"的生成性特点。大凡热衷于参与官场"小圈子"的人，多半属趋炎附势之徒。今天看这个领导有权有势，就抱这个领导的大腿，明天看别的领导有希望有奔头，又抱别的领导的大腿。欧阳修对此的分析入骨三分："及其见利而争先，或利尽而交疏，则反相贼害。"在查处的贪腐案件中，时常可见原来"小圈子"里的人，为争权夺利、明哲保身而"过河拆桥""翻脸不认人"的现象。"树倒猢狲散，墙倒众人推"，是投机"圈子"千古不变的铁律。

其三，官场"小圈子"，是不讲原则的江湖圈子。圈子社会就是人情社会。在圈子内部，重江湖规矩、轻法律规则；重哥们儿义气、轻理性思考。组织圈子的领导干部，将自己管理的领域当成"独立王国"和"私人领地"，将上下级关系看成人身依附关系，将下级干部当成"家臣"，搞"家长制""一言堂"；参与圈子的领导干部，则自恃"背景深、关系硬"，对法律和规矩置若罔闻，自我膨胀，我行我素，直至东窗事发。

其四，官场"小圈子"，是助长滥用权力的腐败圈子。"小圈子"是权力异化的催化剂。由于圈子的存在，在官官相护的逻辑下，任人唯亲、近亲繁殖、带病提拔必然蔚然成风；在官商勾结的规则下，损公肥私、中饱私囊、寻租腐败定然禁而难绝；在山头主义的庇护下，党同伐异、相互倾轧、朋党恶斗也将潜滋暗长。

"小圈子"的隐秘性、投机性、共生性与腐败性决定了维系圈子、经营圈子的领导干部，必然用公共资源作为结交的资本，以权力交换维系帮派关系，形成人身依附、权钱交易、失职渎职、对抗法纪、抱团腐败的利益集团；积极参加或投靠圈子的领导干部，必然把心思放在融入圈子、讨好圈子上，党同伐异、相互倾轧，走上歪路；那些因定力不足被裹挟进圈子的人，因面临着"进了圈子，不贪就成另类，不贪就受排挤"的压力，最终不想贪也得贪。

正是鉴于官场"小圈子"的上述严重危害，以及团团伙伙、拉帮结派现象呈蔓延之势，新一届党中央对此不仅高度重视，而且结合从严治党与全面反腐，致力于对官场"圈子文化"进行彻底的清算。近年来，周某某、令某某、徐某某、苏某等腐败窝案，以及一些地区或行业的系统性腐败、塌方式腐败的彻底揭露，便是最好的昭证。这既是对执政党合法性与权威性的有力维护与提升，也是对领导干部的一种切实保护。

可以预见，在未来很长的一段时间里，防止"圈子文化"的滋生和蔓延，将成为我党制度建设的一大重心；搞团团伙伙、拉帮结派的人，定会成为执纪执法打击的重点。

第三章

风险防控如何从自身做起

　　权力如蜜糖。手握权柄，就容易招蜂引蝶和自我陶醉。若自我约束与抵御诱惑的定力与职务不相匹配，职务升迁的过程也就等于自我衰败的过程。

　　人与动物的本质区别就在于自我控制。只有在严格的自律、自尊和自制面前，一切堕落、不良的欲望才能得到有效控制。如果任由欲望支配，从任性的那一刻起，你就放弃了自己的自由，成为欲望的奴隶。

　　选择决定命运，环境造就人生。若甘愿受制于潜规则或乐于被围猎，则错不在环境，而在我们自己！既然选择了从政为官，就应节制欲望；就应有"权为民所用，利为民所谋"的精神寄托。

要有效防控以贪腐为主要表现形式的违纪违法现象，从党和国家层面来看，固然要致力于消除或限制滋生职务性违纪违法行为的土壤和条件，但具体到领导干部自身而言，职务风险防控的关键，绝不能消极被动地等待环境的改良，而必须有从自身做起、从当下做起的紧迫意识与行动能力。唯有如此，才能远离职务风险，才能把为人做官的人格尊严与安全履职、追求幸福的主动权牢牢掌握在自己手里。

一、立足职责要求，把自己摆进去

要有效预防职务风险，首先必须把自己摆进去。只注意对部下提要求，而忘记了更应对自己提要求，是引发职务犯罪风险的重要思想根源。

新形势下，领导干部面临的职务风险在增加。从国家层面来讲，怎么治理是一个问题，从领导干部自身角度来看，如何去主动预防则是另一个问题。人们往往对前一个问题讲得多，做得也相对较多；后一个问题讲得少，做得也少，甚至有的领导干部压根就没有这方面的主动防范意识。这两个问题当然有联系，但不能等同，因为其意义和侧重点不同，策略和方法也不同。

对于违法犯罪现象的治理，传统上讲打击，但打击都是事后的，解决不了滋生和诱发犯罪的原因和条件问题。就规律而言，社会的结构性缺陷与制度运行机制的不良，才是所有犯罪发生的最主要、最普遍的原因。人毕竟是社会的产物，不能超越社会存在。社会中存在什么样的结构性缺陷和制度运行机制的不良，就必然会有与之相对应的犯罪现象存在。这是正确认识违法犯罪并有效治理的基本前提。面对当下持续高发的职务犯罪现象，国家层面也应从这个基本逻辑出发来思考问题，才能寻得良策。

但是，具体到每个人来讲，你所处的环境究竟能够在多大程度上影响你的思维，影响你的行为方式，这个主动权自己还是有的。不然，就解释不了在现实生活中处于相同的环境下，为什么有的人私而忘公、以权谋私，有的人却能够坚守正道、公而忘私？这就说明虽然环境的影响客观存在，但环境能够在多大程度上影响自己，多大程度上改变自己，主动权始终掌握在自己手里。这是个人层面认识违法犯罪风险的一个基本前提。作为领导干部，只有立足于这一基本点思考问题，才会有主动预防职务风险的意识，才会自觉把自己摆进去，才会因此产生职务风险自我预防的危机感与紧迫感。

作为领导干部，参与的各种政治学习教育活动不少，廉洁自律、奉公守法几乎天天自己在讲或者听更高级别的领导讲，为什么所有的违纪违法干部都是在东窗事发后，才千篇一律地忏悔平时不注重政治学习、对自己要求不严，因而滋生了各种腐败思想，走上了违纪违法的道路？在这里，再讲环境因素如何如何显然没有用，根本原因就在于这些领导干部在对别人讲要强化党的宗旨意识和严守"八项规定"时，只是在例行公事地传达着中央和上级的指示、要求，只是在对部属和他人提要求；对自己，则超然于外，传达、布置完了，也就完成任务了，压根没把自己也摆进去。这样，就只能在职务风险爆发、遭受违纪违法处理时，才想起那些耳熟能详的要求和规矩原来对自己也是适用的。

上海市长宁区原区长陈某某，受贿 312 万余元，2008 年被安徽宣城市中级人民法院一审判处有期徒刑 13 年。2009 年在反腐倡廉警示教育基地，对前来接受警示教育的党员干部现身说法，他自己有这样的自白：一是经常把反腐倡廉挂在嘴边，却没有把自己摆进去。"为官要清廉，伸手必被捉，这些道理我都懂，只不过在自己 20 多年的从政生涯中，总认为这是大道理，是讲给下属听的，是种台面上的话，与自己没有什么关系，从来没有仔细对照一下自己的所为。"二是对权力抓得很紧，原是指望别人用回报来感谢。"我是正厅级领导干部，手中的权力很大，许多别人看来很难办的事，对我来说，往往就是一句话的事。我对手中的权力抓得很紧，表面上看是强势风格，随心所欲使用手中权力的后面，就是奔着别人用回报来感谢我这一目的。"三是所谓当官高风险，那都是自找的。"多行不义必自毙，这是一条自古至今的真理。但是我同所有的贪官一样，都心存侥幸，总以为别人出事，自己不会出事。因为这么多年来，自己做事情十分隐蔽，许多权钱交易的事，都是严格限定在两个人之间。然而我机关算尽，恰恰忘掉了一个路人皆知的道理，那就是'若要人不知，除非己莫为'。"

应该说，这几句自我蜕变的总结，相对比较实在，在职务犯罪中也很有代表性。对其加以引申，可以概括出领导干部职务犯罪三个方面的主观原因：

一是自视身份地位特殊，党规、政纪、国法都是管别人的，不是管自己的；二是有了前述特权思想，在认识上必然倾向于将手中的公权视为"私家"的，当成自己在社会交往中的资本，可以用来让别人感恩自己和实现利益交换；三是自恃自己处于权大位高的"一把手"位置，即使有违规违法行为，也不会查到自己身上。

一旦思想上有了上述认识，在行使权力的过程中，就会无视规则的约束，就会为自己的违规行为找到种种在自己看来合适的借口或辩解。一旦滋生了这种"有利于犯罪的思想"，又身处"众星捧月"的官位，现实生活中就会自然而然地滑向违法犯罪的泥潭。

主动把自己摆进去，说起来容易，做起来很不容易。关键的是走上领导岗位尤其是职务升迁后，必须同步提升自身的思想境界与风险意识，否则，做官的过程就是自我走向权力陷阱的过程。

通过众多的案例，可以发现一个普遍现象：不少官员的很多问题，都出在职务提升之后，在其未走向领导岗位或者当副职、担任较低职务时，表现还是可以的。但是一旦为官或上了一个台阶后，就逐渐把持不住自己了。这说明职务提升之后，如果观念意识没有得到同步提升，是很危险的。一旦走到领导位置或大权在握，就自认为自己的政治素养也水涨船高了，没有努力强化而是淡漠了宗旨意识和自律意识，忘记了法律面前人人平等的基本要求，这样的职务提升，对领导干部自身而言，无异于落入陷阱。因为权力越大，不仅责任越大，说话、做事、做决定的影响面更大，而且面临的诱惑和滥用权力的机会也更多。如果自律意识、规则意识没有得到同步提升，当领导了，但在自我要求上还混同于群众；当处长了，仍然沿袭当科长时的境界与思维模式；当厅局长了，仍然停留于当处长时的政策水平和处事逻辑，不出事反而不正常了。

所以，我们总结出的一个规律是：领导干部之所以容易落入腐败陷阱，不能简单地说是因为"手里有权就变坏"，而在于其职务的升迁与自身思想意识和自律意识的提高严重脱节，以致其原有的奉公守法定力与"当官不发财"的职业操守，难以抵御新岗位、新身份所面临的更为强烈的外界刺激与诱惑。

可见，在讲反腐倡廉时，领导干部立足于自身的职务特点与职责要求，首先把自己摆进去，并主动调适与职务和身份相适应的思想认识与履职素养，是防范自身职务风险的前提和基础。离开了这一基本点，其他防范措施因无所依托将等于空谈。

二、强化宗旨意识，防止违规心态

一个人之所以违法犯罪，最重要的是他在社会交往中领悟并学会用自己的观点、说法给原本错误的行为下"正确"的定义，在思想上形成了有利于通过滥用职权来满足自己非分欲望的合理化辩解，如合理补偿、人之常情、法不责众以及不会被发现、不会被查处，等等。一旦形成了足以压制守规矩意识的自我辩解或理由，利用职权实施各种违纪违法行为就顺理成章了。因此，领导干部防范自身职务风险，首先就是着力从注意抑制自己的非分欲望，警惕并及时排除助长以权谋私观念的各种合理化辩解做起。

（一）强化"权为民所用"的宗旨意识

领导干部违纪违法，无论是政治上的跑偏，还是生活上的走邪，无一例外都是在思想上混淆了、淡忘了"公"与"私"的界限，把人民赋予的公权力当成了谋取私利的工具，将组织安排的公共职务当成了个人升官发财的平台。古人云："为政者不赏私劳，不罚私怨。"只有强化对权力和职务的公共属性的认识和觉悟，自觉将权力和职务作为造福社会、服务群众的手段和平台，确立"权力不能私有"的职业操守，才能为远离职务风险奠定好基石。

领导干部出现违纪违法风险，在思想深处是"权为民所用"的宗旨意识出了问题。宗旨意识之重要，是为官者前行的方向盘，它调节着为官者个人欲望的方向与满足阈值，决定着一个人从政为官的格调与层次。宗旨意识强，骨头就硬；宗旨意识弱，就会"缺钙"，患上"软骨病"，降低对外界侵袭的抵抗力。尤其在社会转型、诱惑增多、风险加剧的背景下，为官者不能不讲究和修炼宗旨意识。

古人云："操守要有真宰，无真宰则遇事便倒，何以植顶天立地之砥柱？"宗旨意识，正是领导干部人生的"真宰"，是顶天立地的脊梁，是思想和行动的"总开关"。今人有言："有了信仰，石头在水上也能漂流。"这话看似不合常理，但却道出了从政素养的神奇力量。只有坚定共产党人的宗旨意识，保持为官者的成就感和幸福感只能来自为民服务实践的思想纯洁性，才能明确自己应当努力追求的方向；才能在个人仕途升迁进退上保持超然；才能在利益诱惑面前保持清醒；才能在行使职权时体现出"富贵不能淫，贫贱不能移，威武不能屈"的浩然正气。

在市场经济大潮中，领导干部厘清"公"与"私"的界限，关键在于不能把"为人民服务"，变成了"为自己、为小集团"或者"为人民币服务"，要以宗旨意识为引导，守住"权力不能私有"这条为官底线。否则，从政为官就是自取灭亡。

明代薛瑄《从政录》将保持廉洁的官员概括为三种："有见理明而不妄取者，有尚名节而不苟取者，有畏法律保禄位而不敢取者。"不妄取、不苟取、不敢取，实际上代表了为官者的三种境界。不妄取者，内心自觉认同做官为民的大义，从政为官压根儿没想过是为自己，因而能一心为公，毫不计较个人得失，有利于损公肥私的自我辩解和观念无从形成，可以百毒不侵。这是值得倡导和学习的典型。不苟取者、不敢取者，虽然境界稍低，但因为有较强的身份认同意识，看重做官的名声，比较珍惜来之不易的职位，希望为官之路可以持续，从而能够产生"不值得以权谋私"的风险防范意识，以此压制个人欲望的膨胀与有利于违规用权自我解说的形成，故而也能保障奉公守法，正确行使权力。这应该说是官员能保持廉洁的常态。

现实中，践行宗旨意识，并非人人都能达到如焦裕禄、杨善洲等先进典型那样的高度，但作为关键少数的领导干部，面对功利至上、物欲横流的社会风气，总应该有"当官不发财，发财不当官"的基本职业操守与信念认同，总应该有"不奉公守法官位难保"的基本预见与自醒。而这种信念认同与基本预见的形成和强化，就离不开宗旨意识的牵引。如果宗旨意识缺失，就会忘记政治伦理中"权力不能私有"的基本规训。这一基本政治规训原本是那样的不言自明，那样的顺乎天理，就如同生活伦理中"私产不能公有"一样，不用人刻意提醒，只因现实中兑现"权力不能私有"需要更多的制度条件保障，以致一些官员竟将其抛诸脑后。从政为官只有不忘宗旨意识，并注意与之进行对照和反省，才能把"权力不能私有"的基本事理印入脑海；才能不忘自己的身份与职责；才不至于物欲横流、价值虚无、精神空虚；才能警惕和防止各种有利于"权力私有"的合理化辩解与倾向的悄然形成，从而切实增强自己应对官场压力或利益诱惑的免疫力与抵抗力，避免"难逃一劫"的官场悲剧。

（二）防止在社会交往中形成"公权可私用"的违规心态

违法犯罪，只不过是个人欲望的满足超过规则限度的极端表现形式。个人之所以选择通过违法犯罪的方式来满足欲望或需求，又在于在社会交往中形成了适合自己的犯罪思想（自我辩解或借口）。对领导干部而言，一旦在社会交往中形成了"公权可以私用"的心态，职务风险的爆发也就具有了必然趋势。

马克思断言："人的本质，在其现实性上，是一切社会关系的总和。"而人与人之间的交往，正是现实社会关系的一个重要侧面，是人们形成某种观念、心态和行为倾向的基本场域。正是形形色色的社会交往，塑造了人们对待自己、他人和社会的基本立场与行为模式。由于政治生活至少迄今为止仍然是全部社会生活的中心与主宰，从政为官者的社会交往在性质和内容上更为复杂。所接触的同僚中，刚正不阿、奉公守法者有之，随波逐流、得过且过者有之，趋炎附势、投机钻营者也有之；在同僚之外，以友情、旨趣为重与你君子之交者有之，奔着你的位置和权力所能带来的好处而与你接近者也有之。这就更加要求从政为官者在社会交往的选择上，要注意择良者而交往，谨防在不良社会交往中形成各种"公权可以私用"的违法犯罪心态。

领导干部的职务风险，尽管表现形态复杂多样，但本质上可以还原为"公权可以私用"思想的现实化。因此，防止职务风险爆发的要害和关键，在于防止自己在思想上滋生"公权私用"的想法和自我辩解。一旦"公权私用"的思想占了上风，接下来实施以权谋私、滥用权力的行为，就如同打开了阀门的水，哗哗地流个不停。

应该说，为官者作为政治精英，并非抱着"公权为我用"的初衷踏入政坛的，并且对公权私用的危害与后果也难说是没有基本预见的。但现实中，一些领导干部为什么会形成"公权可以私用"，甚至"权力应该私用"的思想。对此，犯罪学中有一个著名的理论——差别交往理论，可以较好地解释个体违法犯罪思想的形成过程。

差别交往理论认为，一个人之所以犯罪，关键在于他形成了有利于犯罪的思想。犯罪思想如同守法思想一样，都不是与生俱来的，而是在社会交往中逐渐学习和形成的。人们在出生或刚开始时，可以说都是"善良的"，但后来之所以"学坏了"，主要在于因社会交往的不良，逐渐学会了认同或赞成通过违法犯罪的方式来满足欲望的各种潜规则、反主流价值观与利益观。而犯罪思想的学习过程，具体表现为：

1. 犯罪的思想是在与他人相互作用中习得的。

2. 犯罪思想的学习，主要产生在关系亲近的团体中。家庭成员、朋友、伙伴对犯罪思想的学习影响最大。

3. 学习犯罪思想的过程，主要的不是学习犯罪的方法与技能，而是学习犯罪的动机、欲望与合理化辩解等特定的心态。

4. 个人动机和欲望的专门定向（倾向于遵守规矩、放纵欲望还是相反），是通过对法律的正反两方面的解说而学会的。在社会中，人们对准则和法律的理解与反应并非一致，个人始终在同对法律的遵从持不同看法的人接触和交往。有的人与那些比较一致地把法律理解为必须遵守的人往来更多，有的人则可能与漠视或不遵守规则的人往来更频繁。

5. 个人变成犯罪者，那是因为助长违法的解说，最终压倒了抵制违法的解说。或者更明确地说，有人之所以成了犯罪者，是因为他们所接触到的人和事，都在表明犯罪的结果是利大于弊，或者后果并没有想象的那样糟糕，而接触不到能与之相抗衡的相反观念。

6. 犯罪行为与非犯罪行为都是人一般性的需要和价值的表现，但满足人的正常需要和价值的动机本身，并不是犯罪的原因。个人的犯罪行为只有在与持有犯罪观念的人交往过程中，学会了犯罪思想时才会发生。

7. 社会交往在频率、持续性、优先性和强度上是有区别的。个人学习守法或者学习犯罪，受社会活动过程的质和量的影响。

持续时间长的交往对个人影响较大；频繁接触比偶尔接触的影响大；地位较高者对地位较低者的影响更大。

对照上述理论模式，领导干部在职业或社会交往中，如果学会了认同或赞成"权力不用过期作废""守法吃亏，违法占便宜""没有功劳也有苦劳""从政为官不能亏待自己"等思想观念和行为模式，不仅会显著降低自己抵御压力或诱惑的能力，而且还会主动创设以权谋私的机会和条件，从而成为一名犯罪者。

可见，对工作或八小时之外的高频率交往对象的选择与鉴别十分重要。"近朱者赤，近墨者黑"讲的就是这个基本道理。差别交往理论则进一步阐明了"近朱者赤，近墨者黑"的发生机理，有助于提醒人们要注重从提升自己社会交往的质量入手，防止在社会交往中形成有利于犯罪的思想，从而远离违法犯罪的风险。以下个案所反映的犯罪思想形成过程，在现实中具有相当的代表性。

　　曾某是省人民医院最年轻的主任医师，30岁便成为骨科主任，35岁成为医院副院长，可谓年轻有为。但当副院长仅仅三年，因收受医疗器械销售人员罗某、丁某贿赂共计人民币556万元，在2013年被判处15年有期徒刑。

　　"不是我主动要，而是对方执意要送钱给我。开始几次我都退回去了，后来认为'不要白不要'，不要就让销售商占了便宜，根本就不知道吃回扣属于犯罪行为……"在庭审的最后陈述中，曾某如是说。

对照前述犯罪思想形成的一般过程，可以简单复原曾某在其社会交往中是如何逐渐形成了"不要白不要"的思想，从而一步一步地滑向犯罪泥潭的。

"我出生在一个普通家庭，家里经济条件不好，通过刻苦努力才考上大学。在没有关系、没有背景的情况下，能走上人民医院骨科主任、副院长这个岗位，完全是靠深钻业务、踏实肯干……"回想自己一落千丈的人生，曾某忍不住失声痛哭。

周围的亲朋好友都抱怨说："你一天到晚都在上班，工作到晚上十一二点是常事。付出与工资严重不成正比，得多动点脑筋找钱！""当了这么多年的医生，连新房子都买不起，难道不感到惭愧吗……"

"我心里越想越不平衡：有的同学本事不如自己，读书也不怎么样，但毕业分配以后月薪上万元，早就买上了小汽车，住上了别墅，而自己整天还要为房贷发愁。""尤其是一些刚参加工作的年轻人，整天有人请吃请喝，而自己凭着真本事却过着清贫的生活，为什么呢？"

医疗器械经销商接二连三地上门"攻关"："收钱的事，只有你我才知道，只要用的耗材本身没有质量问题，收点钱没关系。"

正是在曾某高频率接触的人和事中，都在表明违规的结果是利大于弊的，而接触不到能与之相抗衡的正确观念，其先前奉公守法的行为模式就让位于违法乱纪的行为模式。

"你的关节幸好治疗及时，否则可能会被截肢，变成终身残疾。"

有了违法乱纪的心态，曾某不仅敢收"回扣"了，而且渐渐学会了在病人面前施展营销术，有意推销利润空间更大的耗材，主动创设多受贿的条件。

"曾某利用职权，与医疗器械经销商相勾结，从中收受回扣，仅用几年时间便成了百万富翁。"办案人员说，"有的经销商采取'空手套白狼'的手段，注册一个'皮包公司'，倒卖药品和医疗器械，从中牟取暴利，然后拿出20%到40%的费用来'攻关'。"

"曾某是利用骨科主任、副院长对医疗耗材的建议权和决定权，使用指定公司供应的骨科耗材，表面上'价廉物美'，暗地里却收取巨额回扣。"办案人员说，"由于曾某技术精湛，很多病人慕名而来，使得骨科耗材使用数量逐渐增多，回扣自然也随之水涨船高。"

"他在人民医院带出很多年轻骨科医生，有的疑难手术只有他才敢操刀。""他有过目不忘的能力，经常撰写文章在国家级和省级杂志上发表，医学技术过硬，是一位难得的骨科医生。"曾某的同事这样告诉办案人员，"曾某这几年除了买房子、汽车、车库外，还花了不少钱装修了自己的房子。""他变得出手大方、为人豪爽，经常邀请别人吃饭，突然像一个'大款'。"

"我从医二十多年来，兢兢业业，救死扶伤，经常在街上遇到自己以前治愈的病人向自己表示感谢。由于自己治疗过的病人太多，往往是病人认得出自己，而自己却不认识病人。""几乎每天都有手术，常常加班到深夜，有时候晚上做完手术，凌晨还要起来再赶到医院。二十多年来，我从没休过假，也没有请过病事假。""'5·12'汶川大地震时，我带队援助灾区，并带伤员回医院治疗，做了40余台手术，最后这些伤员全部治愈。"幡然醒悟的曾某，有意无意谈到自己过去的功绩，希望以此减轻刑罚。但此时一切已晚。

这就是"差别理论"视野下，犯罪思想形成与犯罪行为的发生过程：由于在个体的社会交往中，接触更多的是对规则持漠视或否定态度的人和事，于是有利于犯罪的观念与辩解逐渐占据上风；客观上又具备犯罪思想向犯罪行为转化的机会与便利条件，通过犯罪方式来满足自己的非分欲求便必然发生；犯罪收益带来的眼前幸福与成功体验，又进一步固化了其犯罪心态，犯罪获利便成为一种自觉的行为模式。

对领导干部而言，由于犯罪的机会和条件往往是现存的，因此警惕和防止在社会交往中形成有利于犯罪的思想或心态，是防范职务风险的要害与关键所在。从国家层面上看，培养一名好干部十分不易。就如曾某一样，"从医者从走出校门到在医院里工作，能独当一面，一般需要15年至20年时间的培养和锻炼"。曾某当属出类拔萃者了。然而，一朝有罪，努力白费。前车之鉴，应牢记在心。

三、养成法治思维，厘清认识误区

党的十八大提出，要"提高领导干部运用法治思维和法治方式深化改革、推动发展、化解矛盾、维护稳定的能力"。党的十八届四中全会进一步指出，要提高党员干部法治思维和依法办事能力，把法治建设成效作为衡量各级领导班子和领导干部工作实绩重要内容、纳入政绩考核指标体系。法治思维是各级领导干部应该具备的最基本的工作思维。没有法治思维，也就没有法治方式。领导干部培养法治思维，不但能更好地开展自己的工作，树立起依法用权的形象，而且能够及时厘清认识误区，防止步入权力陷阱，作茧自缚。

客观来讲，我国的法治精神还处于培育阶段，领导干部的法治思维和依法办事能力，整体上亟待提高。在日益强调讲规矩的大背景下，法治思维不足和依法办事能力不强，已成为增大领导干部职务犯罪风险的一个外在因素。对于习惯了靠经验或行政权力推动工作的领导干部，要真正讲依法用权、依法行政，一时半会儿可能还不大习惯。毕竟，法治思维的养成也不是轻而易举的事，需要有责任感和紧迫意识，并付出艰苦的努力。

（一）厘清认识误区

通过法律将权力运行正规化、常态化，树立起法律至上的理念无疑是当今社会的必然要求。面对从严治党和全面反腐的新形势，领导干部需要注意厘清以下几个认识误区：

一是淡化道德建设，只强调法治建设。德治与法治之间并不存在"有你无我"的冲突关系。相反，二者间存在互补的关系，将二者相结合才能真正发挥出最大的作用。法律是道德的政治支柱，道德是法律的精神支柱。高度彰显法治在国家治理和建设中不可替代的作用的同时，也需要重视发挥道德的作用，将法治与德治并重，使其相得益彰，实现二者的良性互动。

党的十八届四中全会提出，全面推进依法治国，建设中国特色社会主义法治体系，建设社会主义法治国家，必须坚持依法治国和以德治国相结合。这是对我党治国理政经验的科学总结。习近平总书记指出："法律是成文的道德，道德是内心的法律，法律和道德都具有规范社会行为、维护社会秩序的作用。"

法治的要义在于发挥法律的规范作用，以其权威性和强制性规范社会成员的行为，用法律的准绳去衡量、引导社会生活；德治的要义在于发挥道德的教化作用，以其说服力和劝导力提高社会成员的思想觉悟，用道德的引导来规范人们的行为和调节社会关系。同时，"徒善不足以为政，徒法不能以自行"。法律的实施要靠道德的依托，才能为更多人所自觉遵行，他律必须转化为自律才能更好地发挥作用。法治和德治，犹如车之两轮、鸟之双翼，不可偏废。尤其在新形势下，只有把依法治国和以德治国紧密结合起来，大力培养既有法治信仰又有高尚道德情操、既接受他律又能够自律的新人，才能达成全面依法治国和全面从严治党的目标。

当今之所以如此重视法治建设，一个关键原因就在于我国传统文化中关于民主法治的东西很少，导致"人治"思维根深蒂固，因而容易忽视法治建设。但这并不意味着对于领导干部的道德建设不重要。领导干部不仅要带头学法、守法、用法，而且要注重自身的道德建设。身处领导岗位，要时刻警惕"上有所好，下必甚焉"的现象。要通过学习道德榜样，完善道德人格，砥砺道德意志，不断强化宗旨意识，提高道德情操，在努力创造看得见的业绩的同时，传递出一种诚实做人、踏实做事、廉洁敬业的精神。唯有如此，才能收获从政为官的幸福，才能抵御各种思想的侵蚀。

二是误判全面反腐大势。有的领导干部认为如今大力开展的反腐倡廉，无非是"杀鸡儆猴"，抓个典型来做做样子；有的领导干部认为，只要找对了"靠山"，自己能够进入腐败圈子中去，大家就站在了同一条战线上，自己就不会有风险；有的甚至天真地认为，"大家都在这么干，总不可能一锅端吧"，总以为参与腐败的人越多，就越安全。但党的十八大以来所采取的强力反腐措施，证明了这些观念和认识都是极其错误的，对党、对国家以及对自己都是极其不负责的。实践中，不断查处的地区性、行业性群体腐化案件都充分说明，无论腐败案件涉及谁，也不论涉及的人数有多少，都要一查到底，没有禁区，也不会留死角。湖南衡阳与四川南充的贿选案件，涉案人数上百人，无一例外地依纪依法处理，无一人逃脱法网。作为领导干部，一定要深刻领会新一届党中央全面反腐的坚定毅力与决心，时刻保持清廉自守、慎独慎微的定力，绝不可随波逐流、误入歧途。

三是认为"吃吃喝喝无伤大雅，收点红包拿点卡不算腐败"。有的领导干部认为，在这样一个人情社会，逢年过节收个红包、拿点礼金，是联络感情、礼尚往来，只要没有替人办事，就不是受贿；有的人认为，平时与一些老板吃吃饭、打打牌，是沟通工作、交流思想，只要没有权钱交易，就不是违纪违法。但"针大的窟窿能透过斗大的风"。不少领导干部的堕落腐化，就是从接受自认为无关痛痒的"小便宜"开始的。在接受这种"小便宜"后，往往以"下不为例"给自己找台阶。殊不知，正是这一次次的"小便宜"，膨胀了自己的欲望，助长了"权力可以私有"的违法犯罪心理，逐渐让自己走上了不归路。常言道：筷子虽短，能打倒人；杯子虽浅，能淹死人；红包虽轻，能压垮人。

因犯受贿罪、巨额财产来源不明罪，被判处死刑缓期两年执行的安徽省原省委副书记王某某，在被查处后有如下忏悔：

我的父母都是老实巴交、目不识丁的农民，为了供我读书，省吃俭用，东挪西借，债台高筑，后来把家里仅有的三间房子也卖掉了。我读了 5 年大学，连个枕头都没有，头枕几块青砖度过了大学时代。

读完了大学，参加了工作，一步步走上领导岗位。我从最基层干起，先后担任县委书记、地委书记、省委副书记。我曾经是全省县委常委中唯一的省委委员，全省最年轻的地（市）委书记，48 岁就担任了省委常委、副省长，仕途一直比较顺利。

我在阜阳工作了四年，前三年，干得好好的。但是，从第四年开始，我的思想就起了变化。客观上，外部环境发生了变化；主观上，自己的思想产生了蜕变，面对花花世界的诱惑，面对金钱名利的刺激，自己心里想，一年到头，风里来，雨里去，苦得要死，累得要命，一点实惠都没有，别人家有的孩子出国了，自己家孩子连一个出国的都没有；别人家有的家属做生意赚了大钱，自己家连个做生意的都没有，认为自己"太吃亏""太傻"了。外界也有人对我说，"有权不用，过期作废"。

于是，我逐步淡忘了曾经向广大干部群众做出的承诺："清清白白做官，实实在在办事，老老实实做人。"本来在我的主持下，地委制定了廉政建设"约法三章"，我一直坚持得很好，可到了后来，别人给送点烟酒、土特产，我也收下了，后来就是送钱。

　　我还清楚地记得第一次接受别人钱时的情景。1992年，一个基层干部为了个人职务的安排，找到我，给我一万元。这是我生平第一次接受别人的钱。一开始，我坚持不要，推来推去好长时间。后来，他对我说："王书记，请您放心，这个钱绝对不是公家的，是我个人的，我没有别的啥意思，我从心里头敬重您。"后来，我见他"情真意切"，诅咒发誓，就把钱收下了。收下这个钱之后有好几天，心里头一直沉甸甸的，饭吃不香，觉睡不好，思想斗争很激烈。收下吧，这是违法违纪，不收吧，又盛情难却。就这样，思来想去，一直到后来，自己给自己找到一个心理台阶："下不为例。"就是这个"下不为例"，就是这个"第一次"，我走上违法犯罪的道路。

　　从此，渐渐习以为常，甚至麻木不仁。以至于到后来，自己产生了一种谬想，认为"钱"这东西，有比没有好，多一点比少一点好，现在不用，留到将来用，自己不用，留给子女用。现在回想起来，都是自己出于对金钱名利永不满足的欲望，看不到潜在的隐患。结果就是这样，我沿着危险的道路，越走越远，越陷越深，直至跌入违法犯罪的深渊。真是"不见棺材不落泪，不到黄河不死心"。

　　从最初收点别人给的烟酒、土特产，到后来收别人送的钱，并习以为常，直至身陷囹圄。这就是领导干部从最初奉公守法，到后来有点违纪违法，最后成为贪腐犯罪者的演变轨迹。大量类似的个案，也再次印证了个人职务风险防范的基本方略：在社会交往中要警惕和防止形成有利于违法犯罪的思想意识与自我辩解。不把好这一关，就难以守住底线。从政为官之路，就容易异化成走向监狱之路。

四是认为"为公即无过"，只要没揣进私人腰包就没事。实践中，一些领导干部错误地认为，为了单位或小集体的利益，搞点利益输送、送点红包，自己又没往口袋里装，就不算是事。这正是违背新发展理念，搞地方保护，为局部利益损害整体利益、为眼前利益牺牲长远利益的心理基础。

2008 年，为得到时任佳木斯市委书记林某的帮助，促成前进区政府与某集团的合作项目，时任佳木斯市前进区的书记王某和区长刘某商议后，刘某先后两次套取前进区政府办公经费，王某、刘某一起在杭州市某宾馆送给林某 1 万欧元；2010 年春节前，两人又在林某的办公室一起送给林某 3 万元人民币。林某最终促成了项目的成功签约，并协调解决了该项目的用地困难。经法院审理，作出如下判决：前进区人民政府以及被告人王某、刘某为给单位谋取不正当利益，给予国家工作人员以财物，情节严重，构成单位行贿罪。

尤其在执政党正致力于全面推进依法治国，更加强调全民守法和领导干部必须带头学法、尊法、守法、用法的今天，这种"为公即无过""只要搞成事就算有本事"的心理更该休矣。

（二）怎样养成法治思维

法治思维是指依据法治精神和法治理念，分析、判断和处理所面临问题或事项的思维习惯。对不同身份的人，法治思维的特点与要求也不相同。就领导干部而言，法治思维的特点在于：以限制权力的滥用为出发点，以保障权利的实现为核心。

具体而言，领导干部法治思维的主要内容或具体要求是：1. 要真正信仰法治。即从内心相信只有依法治国、依法行政、公正执法才能达成最好的社会治理状态；从内心相信只有依法用权，才能维护好、实现好包括自身在内的广大人民群众的利益。2. 要正确区分国法和党规。在位阶上，国法高于党规。执政党领导全国各族人民制定法律，党和人民的重大意志和重大关切经由立法程序体现于国法中。信仰法律，就是尊重党和人民的重大意志。在国法中，宪法又是最权威的法律。党规也是社会规范体系中的组成部分，其特点是要求比国法更为严格，只能适用于党内。3. 要坚持实体与程序并重。运用职权处理问题或做出决策时，不仅要考虑结果的公正性，也必须考虑行使权力的过程与方式的合法性。否则，所作决定或决策的公信力与权威性难以保障。4. 要坚守"法无授权不可为"与"法有规定必须为"的底线与红线，保证权力行使的廉洁、高效。

法治的要义在于法律至上，强调法的意志大于、高于人的意志。领导干部形成法治思维，就是要养成依法履职、依规办事的良好习惯，将自觉选择法治思维、抵制人治思维，作为一种心理需求。

如何才能养成法治思维，提高依法履职的能力？

一是养成法治思维，离不开领导干部自身入心入脑的学习。人们总是自觉不自觉地沿着以往熟悉的方向和路径思考与处理问题，这就是思维定式。思维定式是创新思维的头脑枷锁。当环境和条件发生变化时，思维定式会使人们墨守成规，用旧知识和过去的经验来应对新问题、新现象，造成知识和经验的负迁移。

作为在先前人治氛围较浓厚环境下成长起来的领导干部，应切实增强主动适应全面推进依法治国的新常态，养成法治思维的重要性和紧迫性的认识。领导干部具有自觉依法决策、依法管理的意识与能力，不仅是改进党的领导方式的必由之路，也是推进依法治国、建设服务型政府的关键所在。同时，一般公职人员和人民群众守法意识的养成，很大程度上也取决于领导干部的率先垂范。因此，领导干部要把养成法治思维与政治忠诚和权为民所用的宗旨意识联系起来，不断提高修炼法治思维的自觉性。

领导干部在注重自身法治思维的养成过程中，要随时与人治思维作斗争，着力改变重权力、轻权利的传统思想，着力克服自己存在的超越法律的特权思想，清除"信权不信法""以言代法""以权压法""以权乱法"等人治思想残余，使法治思维成为自己谋划、思考问题和做出决策的习惯。这里尤其要注意的，是破除"改革即要突破法律"的思维惯性，这种认为改革就要以牺牲法治为代价的观念，已经不具有现实合理性，并与全面深化改革的目标严重背离。过去的改革是"摸着石头过河"，属于"不管黑猫白猫，抓住老鼠就是好猫"的效率至上的改革。在当时急于把经济搞上去、法律制度又不健全、制约经济发展的条条框框太多的特定条件下，突破原有不合时宜的规定，实为改革所必需，也只有如此，才能探索出新的发展道路。实践证明，这样的改革因与当时的历史条件相适应，取得了显著的成效。但时至今日，社会生活的各领域均实现了有法可依，法律已成为国之重器，成为执政党治国的基本方略，不能容许任何以改革为名破坏法治的做法。习近平总书记在中央全面深化改革领导小组第二次会议中指出，凡属重大改革都要于法有据。在整个改革过程中，都要高度重视运用法治思维和法治方式，加强对相关立法工作的协调。这意味着先改革后立法、"破字当头立在其中"的施政模式成为历史。领导干部如果再借改革之名，随意突破法律规定，不仅是对法治精神的叛离，而且会因此引发职务风险。

养成法治思维，离不开领导干部自身入心入脑的认真学习。只有认真学习法律知识，掌握法律的基本逻辑，才能增强法律意识，在知法基础上正确用法、执法。法治的真正实现，不仅仅取决于良法的数量，更取决于法律的实施。孔子曰："人能弘道，非道弘人。"领导干部作为公权力的行使者，其法治思维的养成是全社会践行法治的关键因素。各级领导干部应当结合自身的工作性质与特点，联系工作实际，坚持自主学习与集中学习相结合的方式，通过专家教学与案例研讨等方式，真正把握法治的要义，并在工作实践中切实运用法治思维思考和解决问题，在实践中不断提高自己的法治水平。

二是养成法治思维，要摒弃"权大于法""法不外乎人情"的观念。中国自古以来不仅有权大于法的观念，还具有较浓厚的"情大于法""法不外乎人情"的观念。所谓"法者，缘人情而制"，是我国古代重要的立法与司法理念，以致出现了赫赫有名的"春秋决狱"以及"执法原情"，意思是办理案件，除了依据法律外，还要根据《诗》《书》《礼》《易》《春秋》这些儒家经典的人情化思想，作为判决案件的依据。

清代"扬州八怪"之一的郑板桥当县令时，有一对年轻的和尚和尼姑通奸，被众人捉拿报官。依《大清律》，凡人相奸杖八十或徒二年，僧道犯奸，加凡人二等。但板桥动了恻隐之心，非但不依法重罚，反而成人之美，信笔题诗，判令二人还俗结为夫妻。

这种成人之美，立于法治立场就是典型的枉法裁判，就是失职渎职！民间把这种情理与法理不分的办案方式引为佳话，作为板桥为官贤明的佐证，尚属情有可原，但领导干部如果对此也心生赞许，就是缺乏政治鉴别力和法治思维的表现。

这种在办案中化解矛盾纠纷的过程，搞不讲原则的人情化处理与变通，对我们法治意识的养成有没有影响？尤其在各级领导干部的脑子里，面对违法乱纪行为，有没有这种"成人之美"或"大事化小、小事化了"的传统情结呢？确实需要认真反思一下。

三是养成法治思维，不能"重为我所用、轻规范约束"。法治意识的养成，是自我熏陶、自我警示的过程。我们做出了很多规定，制定了不少制度，但为什么落实得不够好？一个重要原因就是有的领导干部在行使权力时，对待规则的基本态度很功利：对我有用、有利的，就不断强调；感觉捆住了手脚的、感到不舒服的，就忽视或弃之不用。比如说，一些单位或部门的"一把手"，往往更倾向于强调自己做"班长"的身份和权力，却不履行做班长的义务。这样一来，规则对其就形同虚设，一旦大权在握，就容易滋生"我即组织""这是我的领地"之类的专断思想或独裁意识。一旦有了这种意识，在其治下还有什么不敢做的？面对法治新常态，领导干部尤其是"一把手"法治思维的强弱，就意味着其实际面临的职务性违纪违法风险的高低。

四是养成法治思维，不能"重灵活变通、轻正当程序"。实际工作中，领导干部说话做事尤其是"拍板"时，应注意增强自身的程序规则意识。只有遵循用权的正当程序，才能避免和减少行使权力的随意性和随机性，防止因决策失误引发风险。有的领导干部对程序规则是口头上强调、行动上违反。遇到矛盾和问题，首先想到的不是利用现有的制度资源和法律资源来解决，而是想方设法地绕开，找门道、走后门、找关系来"摆平"。在当下，这类领导风格与行事方式很容易引火烧身。

应当指出的是，法治思维的养成是一个持续的过程。在这方面，除了领导干部的自身努力外，还需要大力弘扬法治精神，加强有针对性和实用性的法治教育培训，尤其是要健全相关制度，为领导干部养成法治思维营造一个良好的氛围。

在先前一味追求发展速度并且相关制度尚不健全的情况下，对领导干部的个人能力与政绩评价，容易倾向于以"摆平"为能事，这在客观上助长了一些领导干部为达成所定工作目标而不择手段的合理化辩解。实践中，有的领导干部也因此获得了"能干事""会干事"之美名，自己不仅因此沾沾自喜，而且逐渐养成了工作总是"打擦边球"、遇事喜欢"讲变通"的为人处世模式。即使到了制度已较完备、规矩越来越严的今天，仍然"本色"不改，不把纪律和规矩放在眼里，在履职过程中就容易不知不觉地将自己置于违纪违法境地。

因此在当前，应注重通过完善干部政绩考核和选拔任用机制，发挥制度的倒逼功效，加速领导干部法治思维的养成与依法办事能力的提升。过去，对于领导干部的政绩、能力考核，偏重于经济指标，甚至将 GDP 作为官员升迁、考核的唯一标准，以GDP "论成败"，导致一些领导干部为了谋求政绩，急功近利，不顾地区科学发展，甚至以权压法，不择手段。这样的政绩考核和干部选拔制度，不但不利于社会的可持续发展，而且严重阻碍了法治国家建设进程。同时，侧重于经济发展指标的考核机制，严重忽视了对领导干部应该具备的运用法治思维解决矛盾和纠纷的能力要求，制约了领导干部依法推进工作的积极性与主动性。只有不断完善干部政绩考核和选拔任用机制，坚持把依法决策、依法管理、依法办事、带头守法、严格执法、公正司法的情况，作为领导干部考核的重要内容，作为选拔、奖惩、晋职、晋级的重要依据，方能激发领导干部积极修炼法治思维的内在动力。

（三）如何克服特权思想

特权思想是人治思维的集中反映，与法治思维格格不入。因特权思想作怪，一旦重权在握，就自恃特殊，认为可以不受法纪的约束，这几乎是职务犯罪者存在的通病。安徽省原省委副书记王某某，在被查处后有如下的忏悔：

> 我在省委分管政法多年，按理说，我应该常带头执法守法，率先垂范。然而，我却把自己看作游离于法律之外的"特殊者"，知法犯法。

所谓特权，是一种政治的、经济的或者法律制度之外的权力，其本质是一种"法外之权"。搞特权，意味着搞特殊化待遇，通俗点说，就是自己想怎么着就怎么着。别人做不了的，他能做；别人做了会承担相应责任的，他却不会有这样的顾虑。

实践中，一些领导干部特权思想根深蒂固，自以为拥有特权是其尊贵的象征。特权思想不但会对党群关系产生重大破坏，而且容易滋生权力崇拜、官本位思想，是领导干部走上贪污腐化的重要思想诱因。领导干部一旦产生特权思想，就会不自觉地脱离群众，把自己凌驾于群众之上，不再把自己定位为"人民公仆"，而是把人民视为自己的公仆；在开展工作时，就会以自身利益、个人喜好为出发点，忽视群体的权利与诉求，甚至将个人私利凌驾于公共利益之上，为满足非分私欲而肆意妄为。

习近平总书记指出："共产党员永远是劳动人民的普通一员，除了法律和政策规定范围内的个人利益和工作职权以外，所有共产党员都不得谋求任何私利和特权"，"要采取得力措施，坚决反对和克服特权思想、特权现象"。我国改革已经进入攻坚期和深水区，更需要上下齐心，更需要领导干部破除特权思想，为全面深化改革扫清思想障碍。应该怎样去根除特权思想这一顽疾呢？对此，邓小平同志曾经十分精辟地指出：克服特权现象，一方面要解决思想问题，另一方面更重要的是要解决制度问题。特权思想不除，党的群众路线将难以得到真正践行，党员干部与人民之间的血肉联系也将不复存在。特权思想、特权现象，说到底，其本身就是一个思想认识及其外在表现的问题。为此，领导干部要加强自身的"公仆"身份认识和责任认识，要时刻铭记自己手中的权力由人民赋予，只能为民所用，没有"有权就任性"的权利和资本。

除了在思想上破除特权思想外，更为重要的是要通过制度来解决问题。正如法国启蒙思想家孟德斯鸠所说，"一切拥有权力的人都容易滥用权力，这是一条亘古不变的经验。有权力的人们使用权力，一直遇到有界限的地方才休止"。邓小平同志在总结"文化大革命"的教训时，深刻指出："我们过去发生的各种错误，固然与某些领导人的思想、作风有关，但是组织制度、工作制度方面的问题更重要。"因此，从体制机制上制约权力运行，规范权力行使，将权力关进制度的笼子里，是切实破除特权思想和作风的根本之道。

近年来，各地对干部日常管理监督工作的重视程度不断提高，积极探索并采取了相关措施，但目前还有诸多问题有待解决，如存在认识上的片面性，实践上的畏难情绪，工作涉及领域的局限性；管理监督横向渠道不广，纵向环节分割，没能真正形成合力，具有滞后性与被动性等。特别是长期以来，对"一把手"管理监督难的问题，一直未能很好地解决，导致"一把手"行使权力违规违法的现象较为普遍。

无论何种特权，归根结底其目的都在于免除法律的限制，或者享有法律之外的某种专有权利。因而，克服特权思想的关键在于完善法律法规，通过构建结构科学、程序公正、制约得当的权力运行机制，降低权力异化的危险，实现权力制约权力；通过保障公民的监督举报权，确保宪法赋予公民的各项权利，健全公民参政议政的机制，实现权利制约权力。唯有如此，一方面才能防止用人腐败，避免出现逆淘汰，形成能者上庸者下的健康用人氛围；另一方面也才能促使领导干部更加注重法治思维的修炼，自觉走下"官老爷"的神坛，回归本我，服务群众，远离用权风险。

四、增强政治定力，避免被"围猎"

（一）要正视"围猎"现象

增强政治定力，避免被"围猎"，是自我防范职务犯罪风险的重要一环。2016 年年初，习近平总书记在同中央党校第一期县委书记研修班学员进行座谈时的讲话中指出："各种诱惑、算计都冲着你来，各种讨好、捧杀都对着你去，往往会成为'围猎'的对象。"现实中，手握重权、实权的领导干部走向贪腐之路，被金钱美色拉下水的，的确不在少数。

与十几年前相比，当下腐败问题的复杂程度大大增加，形成了区域性腐败和领域性腐败相交织、政治腐败与经济腐败相混合的局面，遏制腐败蔓延的任务依然艰巨。领导干部控制着重大事宜的决策权，往往容易成为不法分子拉拢的对象，成为被"围猎"的目标，进而沦为不法分子谋利的工具。

借用"围猎"一词，描述当前不法商人主动行贿，形成贪官勾结，不断滋生权钱交易、权色交易的腐败现象，可谓栩栩如生。

现实中"围猎"的具体形式多种多样。概括来说，主要有两种方式：

一是直接被"猎杀"。即发生在作为"猎人"的不法之徒与作为"猎物"的领导干部之间。在影响方式上，直接被"猎杀"又可分为两种情况：一种是快速"猎杀"。即明码标价，直接进行利益输送，双方各取所需，一拍即合。山西省省委书记王儒林在2016年"两会"期间的媒体开放日，回答记者提问时所举出的典型案例，即属此类：有一个素不相识的老板找一厅长办事，厅长犹豫。老板就从桌子上拿了一张纸，写上"给你3000万元干不干"。厅长看完之后，老板马上把纸塞嘴里吞到肚子里了。厅长一看，此人"可靠"，把事儿办了，3000万元也如数收到。另一种是"温水煮青蛙"。即不法者对领导干部投其所好，循序渐进地进行侵蚀，以致深陷其中，难以自拔。刚开始收受礼品、红包时，领导干部可能并没有搞权钱交易的意愿或意愿并不强烈，但收受的次数多了，就会觉得关系很近了，不好拒绝了，以致来者不拒，在不经意间形成了腐败共同体。这是直接"猎杀"的常态。

二是间接"猎杀"。这主要表现为不法者知悉"猎物"的警惕性较高或不便直接下手，于是采取迂回方式，以领导干部的亲属、子女、朋友和秘书等关系亲近的人为突破口，在成功"猎杀"这些人以后，迫使党员干部就范，最终实现对权力的收买。一些曾经的优秀干部，就是因身边人的腐败而被拖下水的。

一些为了达成通过收买领导干部手中的权力，来实现自己不法利益者，在"围猎"领导干部时可谓煞费苦心。或先搞感情投资，认"干爹"、做"干儿"，进圈子、结圈子，结成一条绳上的蚂蚱；或放长线钓大鱼，今天你给我好处，日后等你退了或者转岗了，再"连本带息"予以回报。原贵州省省委常委、遵义市委书记廖某，被商人追随"围猎"，最终被朋友"拉下马"，就是这方面的警示。

廖某毕业于铁道工程建筑专业，从铁五局的见习生到工程师，再到铁五局副局长兼南昆铁路指挥长、党委书记以及贵州水柏铁路有限责任公司董事、总经理，在铁路部门工作了20多年。1998年，38岁的廖某就任贵州省计划委员会副主任，成为正厅级干部。从2001年年底开始，廖某先后在六盘水市、黔东南州、遵义市做市长、书记，最后进入省委常委，官至副省级。在一路升迁中，廖某也一路被自己的朋友所"围猎"，工作调到哪里，一帮生意场上的朋友就跟到哪里。2002年到2005年，廖某在担任六盘水市市长时，一大酒店的法定代表人陈某就通过廖某获得政府贴息55万元、政府技改资金60万元，并获得贷款1300万元；廖某后到黔东南州担任书记时，陈某也到黔东南州发展。在廖某的帮助下，陈某在并未实际投资的情况下获得土地转让款3500万元，并承揽了多个政府投资工程项目。为了感谢廖某的帮忙，7年间，陈某分10次送给廖某394万元。

从青年才俊，到阶下之囚，廖某的案例值得各级领导干部引以为戒。天下没有免费的午餐。只有切实增强政治定力，提高在社会交往中的政治嗅觉与识别力，才能防得住"糖衣炮弹"的攻击。

（二）如何防止被"围猎"

一要认清"围猎"本质，增强识别和抵御能力。俗话说，苍蝇不叮无缝的蛋。世上没有被动的腐败，只有甘愿被俘获的腐败分子。领导干部要避免被人"围猎"，就不要去叹息"世风日下、环境不良"；不要去抱怨"周围坏人太多，防不胜防"，这都是属于促成职务犯罪思想形成的自我开脱与自我辩解。唯有不断强化自身宗旨意识、纯洁社会交往和防止身边人推波助澜，才能过得了"眼里识得破，肚里忍不过"的欲望关；才能破除甘于被"围猎"的虚荣心、贪婪心和侥幸心。

"围猎"的本质，在于通过对官员进行有针对性的物质或精神利诱，以达收买权力为我所用、获取最大收益之目的，其具体过程表现为：先行试探，摸准所好；加大投入，给足官员"面子"与"里子"，直至被视为知己或"信得过"的人；最终使其甘愿运用权力为己谋利。为了私利或小集团利益处心积虑地收买权力，古已有之，国外也不乏其例。作为一种客观现象，"围猎"如同感冒病毒，只会入侵免疫力差的人。

官员因被"围猎"而落入腐败陷阱，有社会环境方面的影响，但更关键的还是干部自身的问题。实践中，开始时立场比较坚定，后因被"围猎"而走上贪腐之路的领导干部，即使在被查处的领导干部中也是少数，更不用说大多数官员都能做到洁身自好、守住廉洁底线。

回头看看众多案例，被"围猎"的干部，大多体现出宗旨意识不强、社会交往质量不高、自律性较差、对身边人要求不严等共性特征。正如习近平总书记所说："一个人能否廉洁自律，最大的诱惑是自己，最难战胜的敌人也是自己。""围猎"行为固然可恶，手段也多种多样，但本质上不外乎是收买权力的"攻心计"。领导干部想要避免成为"猎物"，就需要有提防之心、戒惧之心，要做明白人、明眼人，学会透过"香风蜜语"来分清好坏对错，不为"七情六欲"所左右，不为鲜花掌声、身外之物所迷醉。尤其是手握重权、实权者，更要有"任他升官发财，我自岿然不动"的淡定。只要有了这份以宗旨意识为牵引的坚定，就能练就一身正气、骨气和傲气，就不容易被别有用心者所利诱，被"糖衣炮弹"所击溃。

理想信念是人的心灵世界的核心，是节制个人欲望、进行正确选择的方向盘、指南针，是面对诱惑能保持定力的依归。领导干部一旦淡化了宗旨意识，就会患精神上的"软骨病"，心中的"小九九"就容易滋生，继而沦为图谋不轨者的"猎物"。古人云："破山中贼易，破心中贼难。"在日常工作和生活中，领导干部因掌握着备受人们关注的重要公共资源，客观上面临着比一般人更多的诱惑以及需要正确应对的问题或冲突情境，就应该有比一般人更强的自制力和政治鉴别力。如果心中有责、心中有戒的意识淡漠，一旦遇到外界诱惑或人情、亲情与原则方面的冲突，就难以守住"公权不可私用"的底线，容易被人俘获，从而不断再现"我把别人当朋友，别人把我当鱼钓"的悔恨与悲凉。

二要自设底线，修炼定力。这方面的道理领导干部都明白，在此引用明代文学家叶盛的一篇散文《郑牢论戒贪》，来说明领导干部在社会交往中要做到拒腐防贪，不被人"围猎"，关键在于要在思想上弄明白，究竟是操守重要还是面子重要，是应该敬畏法纪还是应该屈服于人情世故。

　　有一位叫山云的将军调任广西总兵官。山云为人廉正贤德，一到广西，便宴请当地德高望重之士，询问边事，于是有人就将性格耿直、敢于直言的老差役郑牢介绍给他。山云将他请来，问道："常言说，对于将军而言，可以不顾及他是否贪利，只看他能不能打仗，况且广西的风气一向是看重钱财。我是否也可以贪呢？"郑牢说："大人刚到此地，就像一件洁白的新袍子，有一点被沾上污秽，就像白袍上染上了一点墨，总是洗不掉的！"山云又问："人们说，土著人送的东西，如果不接受，他们必然怀疑而且怨恨我，那该怎么办呢？"郑牢回答说："为官贪财，朝廷有非常严厉的处罚，你不惧怕朝廷杀头，怎么反而害怕土著人呢？"山云于是笑着接纳了他的观点，镇守广西超过十年，廉洁的操守始终不变。

郑牢地位卑微，但值得尊重，他用最朴实的话语道出了为官做人，最重要就是自设底线和讲究为官操守，"白袍点墨"就是底线，从一开始就必须做到一点不沾染；"敬畏法令，不应惧怕得罪人"就是操守。但就是这样一个并不高深的道理，世间有多少人就是想不清楚、整不明白，以至于丢了乌纱帽，卿卿性命也难保。对于今天的领导干部而言，"郑牢式"规劝不啻是一服清醒剂。

三要讲究交往艺术，学会正当拒绝。除了不忘初心、保持执政为民这一根本信念外，在社会交往中注意提升社交质量，讲究交往智慧和艺术，也是防止被"围猎"的重要策略。其中，学会拒绝是领导干部需要认真修炼的一门艺术。

有一句时髦的网络语：有一种社交能力叫作拒绝。拒绝，表面上是一种社交技能，实质是一种底线意识，更是一种节制非分欲望的自律意识。在讲究人情的社会环境中，领导干部也不能没有人情味，对邀请其参加的饭局，只要不违反规定是可以参加的；对他人的请托，在应当或可以帮助时，理应助人为乐、急他人之所急，这本身也是践行宗旨意识的具体表现。但是，如果宴请或请托涉及违规用权的原则性问题，就不能因人情面子而态度暧昧；就不能因脸皮薄而在意他人的感受；就不能因怕得罪人而不实话实说。身处官位，真正在乎你的人，往往不会在意你的拒绝；而在意你的拒绝的人，八九不离十是"损友"。在社会交往中，一旦为人情世故所羁绊、为私利所迷惑，"手莫伸"的信念就会松动，就会给人以可乘之机。只要开了"权力可交换"的口子，就会后患无穷，一发不可收拾。

2002 年上半年，为了拉近与时任国家计委产业发展司司长刘某男的关系，使自己企业申报的铝合金项目获得支持，山东某企业董事长宋某通过他人请刘某男一起吃饭，刘某男碍于朋友面子参加了饭局。饭后，宋某递给刘某男一个袋子，说："这次来也没带什么东西，给你买了件衣服。"刘某男推辞了一下，见袋子里放的是个衬衫就没再拒绝，拎着袋子上车了。回到家打开袋子一看，衣服里面夹着一个信封，信封里装着 2 万元钱。"当时想退回去，但还是心存侥幸。"尽管这笔钱当时"收得哆里哆嗦"，心里很不踏实，但刘某男并没有果断退回，由此就向行贿人发出了一个明确信号：此人可攻。有一就有二，随着后续更加直接和猛烈的金钱输送，刘某男逐渐失去自我，沦为他人"猎物"。

与之形成鲜明对比的，则是下面既不失文雅又态度坚决，同时又善意规劝行贿者的正当拒绝的例子：

东汉名臣杨震以"清白吏"为座右铭，以"不受私谒"为做官底线。当其由荆州刺史调任东莱太守，赴任途中路经昌邑时，因昌邑县令王密是经他举荐提拔的，为报答杨震之恩，暮夜特备黄金十斤送给杨震。杨震说："故人知君，君不知故人，何也？"王密说："暮夜无知者。"杨震说："天知，地知，我知，子知，何谓无知者！"

习近平总书记多次要求领导干部慎独，强调"加强自律关键是在私底下、无人时、细微处能否做到慎独慎微"。现实中，类似杨震这样有拒绝底气与拒绝智慧的官员也不少，这种底气和智慧来自何处？就来自平日里修炼得来的慎独。

所以，只有自设底线、提升定力、学会拒绝，注重以德交友、以诚交友、以知交友，讲究"君子之交淡如水"，才能浑身上下透出一股子正气，使试图"围猎"者远离自己；才能在社会交往中坚守底线，不为俗套和低级趣味所拖累，不给有所图谋者乘虚而入的机会。

四要节制个人爱好，防止投其所好。贪腐官员之所以吞下他人抛出的诱饵，与不注意节制个人爱好密切相关。有的因爱打高尔夫而把自己诱进了洞里；有的则因喜好摄影而把自己拍成了反面教材……

2001年，痴迷摄影的秦某海担任焦作市委书记时到美国考察，与商人曹某结识，二人谈及摄影时相见恨晚，其间秦某海向曹某提到了作为资深专业摄影师宠儿的哈苏相机。不久，曹某就购买了一台哈苏相机供秦某海使用。之后，曹某又陆续为秦某海添置了其他昂贵摄影器材。两人还经常联名举办摄影展，秦某海将曹某称为"黄金搭档"。在曹某的资助和运作下，2007 年，秦某海的摄影作品《真水无香》获得了中国摄影界最高奖——"艺术创作金像奖"。同时，曹某还先后为秦某海举办多次摄影作品展，累计花费 580 多万元。

曹某借"兴趣相投"的前期投入，换来了丰厚的回报：通过秦某海打招呼和从中协调，曹某的公司不仅顺利承揽了云台山公司在全国多个大城市的地铁广告业务，而且广告费标准也得以提高。仅此一项，曹某公司就获得了广告费 7685 万元。

由于个人爱好带有明显的倾向性、选择性，影响着领导干部依规用权以及社会交往的态度、情绪及好恶，因此，作为领导干部，不仅要养成健康的个人爱好，而且还应将个人爱好严格控制在个人私事的范围内，保持内敛和节制，防止因个人喜好而吞食诱饵。这是破解"不怕领导讲原则，就怕领导没爱好"行贿逻辑的良方。

（三）如何管好身边人

领导干部要彻底破除被人"围猎"的困局，除了要警惕自己在不良社会交往中形成职务犯罪心理外，还要注重管好"身边人"。现实中，有的官员面对外人时，还能做到意志坚定、不为所动，但因经不起身边人的软磨硬泡、"循循善诱"而被拉下水者不在少数。腐败犯罪中的"夫妻店""父子兵""兄弟帮",从反面揭示了"军功章里有我的一半,也有你的一半"的哲理。

身边人与领导干部朝夕相处或交往密切,不仅对于领导干部的喜好、生活习惯等十分了解,而且其言行往往能影响到领导干部的情感和选择。"围猎者"在难以从领导干部身上找到突破口时,其目光就会聚焦到领导干部的身边人身上。如果领导干部平时对身边人疏于管教;对身边人的不合理要求不坚决拒绝,或者发现问题后不及时纠正、制止,不仅自己容易陷进去,而且会形成"前台办事、后台赚钱"的家庭腐败,引发整个家庭甚至家族的毁灭。

云南省原省长李某,对于其小儿子李某某的溺爱和放纵,是其走向堕落的重要诱因。有身为省长的老爸撑腰,李某某在云南商界"呼风唤雨""无所不能",银行就像自家的一样,哪个行业最赚钱,就会携巨额银行贷款杀向哪个行业。"如果没人上门送礼,那还当省长干什么呢?"这就是李某妻子的信条。身边有这样的人在起"催眠"作用,"公权可以私用""只有以权谋私才不亏"的犯罪心理就会在不知不觉中逐渐滋生,此时要保持不忘初心和廉洁奉公的定力就有点难了。

江西省鹰潭市原副市长魏某,原来也比较廉洁,为躲避他人送礼,甚至逢年过节带着全家躲在亲戚家中,他认为这样做既可以不收礼,又不伤送礼者的面子,实为自律之举。但其妻子侯某对丈夫的拒贿行为很不以为然,经常埋怨:"你怕什么！别人都这样搞，不搞是傻瓜，有事我来担，与你没关系！"在侯某的一再煽动下，魏某把持不住，开始大敛钱财。魏某其实对受贿数额都不清楚，因为权钱交易都是其妻子侯某经手的。结果是夫妻双双进牢房，魏某被判 15 年，其妻侯某也获刑 4 年。

领导干部要管好身边人，一要严格要求自己。"欲影正者端其表，欲教人者正其身。"只有树立起正气，为亲属和身边工作人员当好表率，用自己的实际行动来影响身边人，才能使其耳濡目染，自觉养成遵纪守法、严于律己的生活作风。二要有一双"火眼金睛"，并注意时刻善意提醒。领导干部在关心身边人的生活、工作和思想状况的同时，还要擅于从其言行中发现异常情况，要教育他们作为自己的身边人，更应该时时自重、自省；要提醒和规劝身边人，如果利用自己的"特殊身份"在外目无法纪、胡作非为，不仅会"坑爹""坑娘"，也会毁了自己；要让他们明白，手中的权力"姓公"不"姓私"，绝不能用来满足私欲。三要为自己立规矩，定底线，理性处理与身边人的关系。亲情、友情、上下级的工作情谊固然珍贵，但领导干部在面对情理与法理的冲突时，不能被情感遮蔽了双眼，失去了理性，最终被情感所累。毛泽东同志曾经把针对亲情问题的处理办法总结为"三原则"：恋亲不为亲徇私；念旧不为旧谋利；济亲不为亲撑腰。这三条掷地有声的至理交往规则，确实值得领导干部认真领会并切实坚持，否则就容易落得"全家腐、全家哭”的结局。

　　“自己对家属管得不严，有时明知存在问题，但又不敢去大胆管理，放弃了对家人的管理也是很可悲的。”这是贵州茅台酒股份有限公司原副总经理、财务总监谭某华的忏悔。调查发现，谭某华的所有违纪细节都有一个明显的情形：“老公办事，妻子收钱。”茅台酒经销商找谭某华的妻子陈某，陈某出面揽活、收钱，谭某华则负责“照单办事”，这样的恶性循环使谭某华越陷越深。

　　堡垒最易从内部攻破。如何防止自家“后院”不起火，如何让身边人知法守法、防贪戒贿，不煽风点火，真正成为自己廉洁自律的“贤内助”，实为领导干部必须修好的一门功课。

五、自觉接受监督，切实防微杜渐

监督不力，是腐败易发多发的重要原因。监督不力的原因大体上可归结为两方面：一是监督主体没有充分履行监督职责，这是组织的问题；二是监督对象不愿意接受监督，想方设法逃避监督，这就是领导干部自身的问题。监督对象之所以逃避监督，很重要的原因是没有正确认识到监督的意义。《关于新形势下党内政治生活的若干准则》（以下简称《准则》）指出："领导干部要正确对待监督，主动接受监督，习惯在监督下开展工作，决不能拒绝监督、逃避监督。"

要自觉接受监督、乐于在监督下工作和生活，必须充分认识监督的多层次价值与意义。

（一）监督是爱护

习近平总书记指出："加强对干部的监督，是对干部的爱护。放弃了这方面责任，就是对党和人民、对干部的极大不负责任。"习总书记的讲话可谓语重心长。监督是一种约束，是一种帮助，更是一种关爱，是防止一个人犯错误的重要手段。领导干部要认识到，监督既是"紧箍咒"，也是"护身符"。组织把你放在这个岗位，前提就是信任。但是，信任不能代替监督，监督就是关心，严管就是厚爱。监督的最大功效就是能及时发现领导干部犯错误的苗头，防止小错变大错。特别是在领导干部自我感觉良好，有点飘飘然，对自身的弊病浑然不知时，更需要借助组织监督的镜子看清自己、扫除灰尘、修正自我。

绝对的权力导致绝对的腐败，是权力运行的基本规律。一些领导干部之所以走上歪路、邪路，一个重要原因就是失去了事前和事中监督。无时不在的监督，是保证领导干部健康成长的基本前提。不少走向腐败之路的领导干部，都有一条共同的教训，就是悔恨事前事中监督未到位，悔恨把组织和他人的监督提醒当成耳旁风，如果监督严格一点、及时一点，经常"红红脸、出出汗"，很多人不至于陷入犯罪的泥潭。

"我无数次地捶胸顿足问自己：为什么会堕落到这种地步。"河南省安阳市委原书记张某某在忏悔书中写道。张某某的反思之一是自己背离了民主监督的原则。"当了市长、书记后，不愿听不同声音和反对意见，参加民主生活会也是流于形式，认为在市里工作，自己说了算，不需要别人指手画脚。""权力失去监督导致腐败，自以为是，我行我素，走上了犯罪的道路。"

（二）监督是保护

邓小平同志强调："共产党员谨小慎微不好，胆子太大了也不好。一怕党，二怕群众，三怕民主党派，总是好一些。"对于领导干部而言，监督是一道"防火墙"，可以加强自我约束和保持清醒，及时发现和纠正自己的缺点，防止小毛病发展成大错误。但现实中，部分领导干部对监督抱有不正确的态度，把上级的监督视为对自己不信任，把同级的监督视为与自己闹矛盾，把下级的监督视为对自己不尊重，把群众的监督视为跟自己过不去。一个党员干部的职务越高，权力越实，就越容易忘乎所以，越容易犯错误，因而越需要监督。党员干部要把监督看成一种自我健康成长离不开的保护，要以感激之心，坦然面对来自上级与下级的监督、党内与党外的监督、组织与群众的监督、社会与媒体的监督，不游离于组织和群众的监督之外，才能防止出现错误和腐败。

事实证明，身处领导岗位，即使原先纪律意识较强，如果长期缺乏监督，也会自我松懈，增大越轨犯错的概率。不少官员就是因为意识不到监督的重要作用，忽视监督甚至拒绝监督，最后付出惨重的代价。辽宁省原副省长、沈阳市原市长慕某某在入狱后说："我当了市长之后，没人管，成了党内个体户，如果有人经常管我，不至于走到今天。"被执行了死刑的吉林巨贪乔某某，总结自己犯罪原因时说，如果当时财务审计和管理能严格一些，领导能监督严格一些，如果上级能及时提醒自己哪些做错了，哪些不应该做，可能自己就不会犯错了。众多血的教训表明，权力一旦离开监督，就容易姓"私"，就容易为己所用。陈毅元帅有诗云："手莫伸，伸手必被捉。党与人民在监督，万目睽睽难逃脱。"这是对不愿意接受监督者的忠告。领导干部应该引以为戒，乐于接受监督。

（三）监督促进步

毛泽东同志曾指出："人民要解放，就把权力委托给能够代表他们的、能够忠实为他们办事的人，这就是我们共产党人。"领导干部手中的权力来自人民的委托，属于人民所有，不是个人的私产，必须运用手中的权力全心全意为人民服务，服务得好不好，要由群众评判。"知屋漏者在宇下，知政失者在草野。"因此，监督也是一条民意通道，它利于领导干部从群众的批评与责难中汲取营养，用群众的眼光衡量工作得失，创造出让群众满意的业绩。同时，也只有虚心听取群众的批评和建议，坚持有则改之、无则加勉的态度，领导干部才能做成事、成大事，创造出经得起实践检验的工作业绩。就像毛泽东同志所指出的："因为我们是为人民服务的，所以，我们如果有缺点，就不怕别人批评指正。不管是什么人，谁向我们指出都行。只要你说得对，我们就改正。你说的办法对人民有好处，我们就照你说的办。"即使群众的监督批评可能比较片面，不够直接和全面，领导干部也要善于从群众的抱怨、讽刺、挖苦，甚至谩骂中发现问题，纠正错误，而不能对监督批评视而不见、不管不问。唯有如此，才能树立领导干部的良好形象，赢得群众的信任与支持。

一名领导干部越是敢于接受别人监督，就越能在工作和生活的方方面面行得端、走得正、站得稳，就容易在工作中做出成绩；反之，就有可能误入歧途，甚至走上违法犯罪的道路。

（四）接受监督是义务

领导干部手中的权力只能为民所用，不能恣意妄为，行使权力要接受监督是理所当然的义务。《中国共产党章程》明确要求："不允许有任何不参加党的组织生活、不接受党内外群众监督的特殊党员。"《中国共产党党内监督条例》规定："党内监督没有禁区、没有例外。信任不能代替监督。各级党组织应当把信任激励同严格监督结合起来，促使党的领导干部做到有权必有责、有责要担当，用权受监督、失责必追究。"

一些党员干部要自由不要监督，觉得监督捆住了自己的手脚。殊不知，权力是把双刃剑，可以使人崇高，也能使人堕落；可以成就事业，也能导致家破人亡。手握权力，就等于给自己戴上了一副无形的枷锁。唯有习惯在监督的环境中工作生活，才可能行稳致远。

例如，许多机关单位都使用了公务消费网络监管系统，目的是规范公务消费支出，加强"三公"经费管理，防止发生公款大吃大喝问题。一些党员干部为此抱怨监管系统麻烦，吃工作餐都不如以前自在。这便折射出对组织监督的抵触。殊不知，不受约束的公款消费，看似逍遥自在，实则祸患无穷，极易滋生违纪违法问题。

尤其是《监察法》实施后，扩充了监察对象的范围。许多公职人员，原来不属于监察范围，对监察机关的监督可能感到不习惯，要主动适应新体制带来的新变化。例如，《监察法》实施后，某民主党派广东省委机关处长叶某在接受省纪委监委驻省委统战部纪检监察组同志谈话提醒时，不愿意配合。针对叶某的反应，纪检监察组工作人员拿出《监察法》，并向其重点解读了第十五条（关于监察范围的规定），对监察机关的监察范围有了了解后，叶某的态度有了很大转变，开始配合谈话。

同时，当今社会移动网络十分发达，人人都是监督员，领导干部要主动适应形势要求，学会做一个"透明人"，养成诚恳接受监督的良好心态和气度，才有助于防微杜渐，防止手中的权力异化。

发现错误和纠正错误常常是一个艰难而痛苦的过程。接受组织和群众监督需要有一定的勇气。领导干部只有做到一心为公，执政为民，才能具有敢于接受监督的勇气。领导干部自觉接受监督，既是一项纪律要求，也是一种品格、一种境界、一种胸怀、一种修养。习惯在监督中工作和生活，是领导干部保持清正廉洁的重要基础，更是领导干部实现自我保护与自我完善的重要途径。

六、正确把握政策，回头仍然有岸

古语有言："人非圣贤，孰能无过，过而能改，善莫大焉。"领导干部也有七情六欲，也会因为一时糊涂而"马失前蹄"，但最后是在违纪违法的"苦海"中浮沉，直至溺毙，还是洗心革面、重获新生，则取决于自身的理性选择。

当违纪违法或者涉嫌犯罪事实被揭露后，领导干部怎么做才能避免事态进一步恶化、最大限度保护自己？

（一）相信组织，依靠组织

"惩前毖后，治病救人"，是纪律检查工作的重要方针。"惩戒与教育相结合，宽严相济"，是监察工作的重要原则。党纪处分和政务处分的目的，不是要打垮一个党员干部，而是把他拉回到正确的轨道上，同时激发他干事创业的激情。领导干部存在违纪事实后，在组织调查前主动说明问题的，确实少之又少，趋利避害也是正常的心理。但是，如果组织已经向本人核实问题，仍然心怀侥幸、一意孤行，不如实向组织说明问题，却非明智之举。

党的十八届六中全会通过《中国共产党党内监督条例》后，各级纪委运用监督执纪"四种形态"，大量开展谈话函询工作。谈话函询是力求通过谈话提醒、函询核实，让党员干部相信组织、忠诚组织，把问题主动向组织讲清楚。之所以对有反映的领导干部进行谈话函询，是组织基于对领导干部本人的信任，是组织给予有问题的领导干部的宝贵机会。在谈话函询中，如果领导干部能够如实说明问题，在处理时可以作为从轻情节考虑。也就是说，本应给予党纪轻处分、组织调整，可能用"红脸出汗"的方式处理；本应给予党纪重处分、重大职务调整的，可能给予党纪轻处分、组织调整。相反，在谈话函询中，如果欺骗组织，甚至对抗组织调查，本身就是违纪行为，必定要受到从重处理。这有许多正反两方面的例子。

2016 年 10 月，广西北海市纪委严肃查处了市水产畜牧兽医局原党组书记、局长陈某违反政治纪律、组织纪律、工作纪律、生活纪律案件。陈某利用职务上的便利，在申报海洋渔船更新改造项目补助、渔船过户等方面为他人谋取利益并索要、收受财物，涉嫌受贿，涉案金额高达 2700 多万元。市纪委研究决定，以陈某为例在水产畜牧兽医系统召开警示教育大会，对全体党员进行党纪党规教育，动员有问题的干部主动讲清问题。不少党员干部受到触动，12 名党员干部主动向市纪委说明问题。樊某便是其中之一。

经查明，樊某于 2015 年至 2016 年期间，在监督渔船拆解过程中利用职务便利收受好处费，并在水产技术学校维修过程中收受回扣。在警示教育大会召开后，他主动到市纪委说明违纪问题，如数退缴违纪款。市纪委综合考虑其违纪情节与认错态度好等因素，决定给予党内严重警告处分。

同样是涉及陈某问题的市水产学校干部唐某，没有珍惜组织给予的教育挽救机会，参加警示教育活动后仍心存侥幸，企图蒙混过关。接受组织谈话时，对问题遮遮掩掩，避重就轻，与他人订立攻守同盟，对抗组织审查，最终被给予开除党籍、开除公职处分，其涉嫌犯罪问题线索移送司法机关依法处理。

樊某和唐某，一个受党内严重警告处分，一个移送司法机关处理，孰轻孰重再明显不过。处理结果有差异的重要原因，就在于是否相信组织、依靠组织，是否主动向组织说明问题。那些抱着"赌一把"侥幸心理的干部，无疑是在将自己推向不归路。

实践中，一些被给予党纪、政纪处分的领导干部，在吸取教训、痛改前非之后，又重新融入了工作环境，有的甚至还因为表现突出再次获得组织的提拔重用。然而，悔过和救赎的一个基本前提是：要相信组织。只有相信组织，及早向组织坦陈问题，不对组织抱怀疑、敌对态度，不要老想着藏着、掖着、拖着，才能得到组织的谅解和帮助，才能把损失降至最低。

（二）涉嫌犯罪，争取从宽

如果领导干部违纪问题比较严重，已经涉嫌犯罪了，怎么做才是止损的有效措施呢？

根据《监察法》和《刑法》的规定，除了自首、坦白、立功、认罪认罚、积极退赃、真诚悔罪外，可以说别无其他旁门左道。

如第一章所述，根据《监察法》的规定，如果涉嫌职务犯罪的被调查人主动认罪认罚，自动投案，真诚悔罪悔过；或者积极配合调查工作，如实供述监察机关还未掌握的违法犯罪行为；或者积极退赃，减少损失；或者具有重大立功表现；或者案件涉及国家重大利益，监察机关经领导人员集体研究，并报上一级监察机关批准，可以在移送人民检察院时提出从宽处罚的建议。

根据《刑法》的规定：（1）犯罪以后自动投案，如实供述自己的罪行的，可以从轻或者减轻处罚；其中，犯罪较轻的，可以免除处罚。（2）被采取强制措施的犯罪嫌疑人、被告人和正在服刑的罪犯，如实供述司法机关还未掌握的本人其他罪行的，对该罪行，可以从轻或者减轻处罚；其中，犯罪较轻的，可以免除处罚。（3）犯罪分子有揭发他人犯罪行为，查证属实的，或者提供重要线索，从而得以侦破其他案件等立功表现的，可以从轻或者减轻处罚；有重大立功表现的，可以减轻或者免除处罚。以上三点，是《刑法》总则中规定的从宽处罚制度，也当然适用于职务犯罪者。除此之外，在《刑法》分则中，还专门规定了贪污受贿犯罪特别从宽处罚条款（第三百八十三条第三款），根据该条款，犯贪污罪、受贿罪，在提起公诉前如实供述自己罪行、真诚悔罪、积极退赃，避免、减少损害结果的发生，可以区别情况，给予从轻、减轻或者免除处罚。这表明，行为人犯贪污罪、受贿罪，即使在监察调查阶段未如实供述自己的罪行，只要在检察机关提起公诉以前，如实供述自己罪行、真诚悔罪、积极退赃，避免、减少损害结果的发生，仍然可能受到从宽处理。这些从宽处罚制度，都是涉嫌职务犯罪的公职人员应该积极争取适用的。

有的领导干部，畏罪但是不悔罪，不去争取获得合法的宽宥，而是选择畏罪自杀或者畏罪潜逃，意图"牺牲一个人、幸福一家人"。按照之前的《刑事诉讼法》和司法解释，只有嫌疑人、被告人到案后才能提起诉讼，只有人民法院作出生效判决后才能处置死亡涉贪官员的财产，被告人死亡的应当裁定终止审理，加上我国没有规定缺席审判制度，于是就有了大量嫌疑人、被告人逃亡的案件，没有办法对其违法所得进行追缴，但这种情形已经一去不复返了。

根据 2013 年新《刑事诉讼法》规定的特别程序和 2017 年 1月实施的《最高人民法院、最高人民检察院关于适用犯罪嫌疑人、被告人逃匿、死亡案件违法所得没收程序若干问题的规定》，即使贪污贿赂犯罪嫌疑人、被告人逃匿、死亡，也可以启动违法所得没收程序。这是重大的制度创新，由此形成了能够合理有效处置死亡、逃匿涉贪官员违法所得的法律体系，一批死亡、逃匿涉贪

官员的财产因此被没收。在十三届全国人大一次会议第二次全体
会议上，最高人民检察院作工作报告时指出，检察机关对任某某
等45起职务犯罪嫌疑人逃匿、死亡案件及时启动了没收违法所得
程序。

2013年12月28日，南通市房产管理局原局长陈某因涉
嫌受贿被检察机关立案侦查，陈某在取保候审期间于家中死
亡，南通市人民检察院遂向法院申请没收陈某涉嫌受贿的违
法所得。2014年12月，南通市中级人民法院对该案作出一
审刑事裁定，没收犯罪嫌疑人陈某受贿违法所得711.25万元，
上缴国库。

在海南省洋浦经济开发区新干冲区原党委书记郑某某涉
嫌受贿一案中，郑某某在法院审理过程中因病死亡。2015年
2月2日，海南省第二中级人民法院依法裁定，对郑某某受贿
犯罪的违法所得30万元予以没收。

江苏省南京市江宁区人民检察院于2014年1月2日向江
宁区人民法院提起公诉。法院经审理查明，2012年至2013
年，被告人张某某在担任南京江宁科学园发展有限公司招投
标管理办公室主任期间，利用负责工程招标、预决算及合同
签订等职务便利，为当地22家公司提供帮助，先后多次收受
购物卡、加油卡、茅台酒、现金等财物，价值共计90.79万
元。案发后，江宁区人民检察院扣押了涉案款87.8万元以及

50 年贵州茅台酒一瓶。2014 年 1 月 16 日，张某某在法院审理期间因病死亡，案件终止审理。后南京市人民检察院向南京市中级人民法院提出没收被告人张某某受贿违法所得的申请。2015 年 3 月 19 日，南京市中级人民法院作出刑事裁定，没收扣押在江宁区人民检察院的被告人张某某违法所得 87.8 万元及 50 年贵州茅台酒一瓶。

山西省副省长任某某 2014 年 9 月 20 日因严重违纪被免职，同年 9 月 30 日因病死亡。根据最高人民法院的指定管辖决定，扬州市中级人民法院于 2016 年 12 月受理了申请没收任某某违法所得一案。根据庭审查明的事实及证据，任某某实施了受贿、巨额财产来源不明犯罪。2017 年 7 月 25 日，扬州市中级人民法院公开宣判，裁定对任某某违法所得人民币 1295.562708 万元、港币 42.975768 万元、美元 104.294699 万元、欧元 21.320057 万元、加元 1 万元及孳息，以及物品 135 件予以没收，上缴国库。

还有一些涉嫌受贿的官员，天真地以为自己与行贿人订立的攻守同盟牢不可破，觉得接受调查后，只要自己不开口，调查机关也无可奈何。事实并非如此。无论是在《监察法》中，还是在《刑法》中，都为受贿人设置了一个"囚徒困境"。《监察法》第三十二条规定："职务违法犯罪的涉案人员揭发有关被调查人职务违法犯罪行为，查证属实的，或者提供重要线索，有助于调查其他案件的，监察机关经领导人员集体研究，并报上一级监察机关批准，可以在移送人民检察院时提出从宽处罚的建议。"《刑法》第三百九十条第二款规定："行贿人在被追诉前主动交待行贿行为的，可以从轻或者减轻处罚。其中，犯罪较轻的，对侦破重大案件起关键作用的，或者有重大立功表现的，可以减轻或者免除处罚。"这两个条款的目的，都是鼓励行贿人揭发受贿人。行贿人、受贿人之间，不能说毫无信任度，但是，两者之间更多的是利益交换关系。公职人员在任时，行贿人往往极尽巴结、讨好之能事，一旦受贿人受到调查，没有了利用价值，行贿人为了自保，往往又会主动揭发公职人员，以争取适用《监察法》和《刑法》中规定的从宽处罚条款。故此，受贿人想让行贿人保护自己，无异于缘木求鱼，不可能达到目的。

（三）主动归案，回头有岸

一些涉贪的公职人员选择逃亡境外，意图用腐败所得供养自己在国外的奢侈生活。然而，逃亡海外的生活并不美好。重庆市犯罪嫌疑人宁某案发后潜逃非洲，谈起逃亡的日子懊悔不已："那里物质紧缺，经常停水停电，吃得很差，蚊虫又多又大，又得不到家人的帮助。到非洲不久遇上流行病，哪里也不敢去，就跟坐牢差不多。原本以为只要离开中国，就可以逃避惩罚，过上安逸的生活，哪知道会有这样的下场。""7·28 特大金融诈骗案"嫌疑人朱某表示，其逃亡的前两年一直居无定所，直到 2006 年在南非办了工作居留，买了套高档住所，才暂时安顿下来，但随即遭遇了一起入室抢劫案，再度居无定所。

投案自首的涉贪公职人员，一般都能得到宽大处理。

2007 年 2 月，受贿 4000 余万元的云南省交通厅原副厅长胡某潜逃新加坡，后接受中国追逃小组的劝说自愿回国受审。在随后的审判中，昆明市中级人民法院将胡某接受劝说回国受审的行为认定为自首，对本应判处死刑的胡某判处了无期徒刑。

2007 年 9 月，涉嫌私分 130 万元国有资产的燕山石化公司下属公司原经理李某，在外逃 6 年后接受中国检察机关的劝说主动回国投案，被房山区人民法院认定为自首，从宽判处有期徒刑 2 年，缓刑 2 年。

2014 年 10 月 10 日，最高人民法院、最高人民检察院、公安部、外交部联合发布了《关于敦促在逃境外经济犯罪人员投案自首的通告》，该通告指出，在逃境外经济犯罪人员自本通告发布之日起至 2014 年 12 月 1 日前向公安机关、人民检察院、人民法院，或通过驻外使领馆向公安机关、人民检察院、人民法院自动投案，如实供述自己罪行，自愿回国的，可以依法从轻或者减轻处罚。其中，积极挽回受害单位或受害人经济损失的，可以减轻处罚；犯罪较轻的，可以免除处罚。这是给在逃境外经济犯罪嫌疑人、被告人、罪犯（以下统称在逃境外经济犯罪人员）以改过自新、争取宽大处理的机会。据统计，截至当年 11 月 30 日，至少有 154 人投案自首。

党的十九大以来，为了进一步加大追逃追赃力度，《监察法》中专门设立"反腐败国际合作"一章，进一步提高了追逃追赃的法治化水平。随着中国与世界各国司法协作的加强，追逃追赃能力建设和技术水平的提高，特别是伴随着联合国反腐败公约、APEC 北京反腐败宣言和 G20 国家反腐败行动计划的贯彻实施，越来越多的国家加入反腐败国际追逃追赃的行动之中，职务犯罪嫌疑人跨国潜逃的空间已经越来越小。2018 年 6 月 6 日，中央追逃办发布《关于部分外逃人员有关线索的公告》，再次充分表明以习近平同志为核心的党中央有逃必追、一追到底的鲜明态度和坚定决心。已经或者意图逃往境外的职务犯罪嫌疑人，要看清形势、找准方向，不要误判，不要侥幸，迷途知返，才是唯一出路。

在许多受处分的领导干部的忏悔录中，不难发现一个共同特点，那就是请求组织能够再给自己一次机会，希望还有机会能够弥补犯下的错误，希望回头有岸。党纪国法已经为犯规者搭建了上岸的台阶，剩下的就是自己如何回头上岸，再次奔回正确的人生。

第四章

风险防控如何从本单位做起

善治三部曲：防为上，救次之，戒为下。

权力本来就任性。作为领导者，最重要的不是事后责罚，而是要在找准原因和尊重人性的基础上设置好权力任性的边界与戒律。

"打铁还需自身硬"，不仅要求领导干部自己要做到廉洁自律，还要求能识别既存的制度隐患，并及时加以修补，做一个称职的制度建设者；面对触犯底线的行为，杜绝"下不为例"的处理方式，做一名尽职的监管者。这是防控职务犯罪风险能取得成效的关键，也是检验政治忠诚与法治能力高低的重要标准。

　　党的十九大报告指出，领导13亿多人的社会主义大国，我们党既要政治过硬，也要本领高强。领导干部注重从本单位、本部门、本地区做起，着力推进职务犯罪风险防控，就是在推动党的执政能力和领导水平的提升；就是在保障党的路线方针政策的更好落实；就是在表明领导干部破解改革和发展中的矛盾和问题的政治定力与专业能力的切实提高。

　　同时，在其位，谋其政，负其责；好人袖手旁观，邪恶便会滋生长存。领导干部的社会身份和角色决定了其不能只满足于"自扫门前雪"。大力推进本单位职务犯罪风险防控，保障政令畅通，防止在自己管辖的范围出现有禁不止、有令不行、有法不依现象，致力于形成以良法促善治的微观局面，是新时代对领导干部正确履职的必然要求。如果在这方面精神懈怠，消极应对，必然导致单位内部法纪松弛、正气不张，违纪违法不断滋生蔓延，不仅党的事业会深受其害，而且自身的失职渎职风险也会由此引发。尤其在"两个责任""一岗双责"以及"一案双查"等强化反腐倡廉责任制的现实条件下，为官不为的风险正在显著增加。

一、强化预防思维，推动风险防范

（一）提升认识，增强预防紧迫性

传统上，职务犯罪治理更多的是强调事后惩处，事前预防方面推动不够、力度不强。预防思维淡漠，正是治理能力低下、治理效果欠佳的重要原因。荀子曰："先其未然谓之防，发而止之谓之救，行而责之谓之戒。防为上，救次之，戒为下。"可见，古人对预防的价值已经有了充分认识。

对应于职务犯罪治理，上述的"防""救""戒"三策的价值与位阶，可分别表述为：上策为事前预防，使人远离犯罪风险；中策为治病救人，让其"红红脸、出出汗"，予以党纪轻处分，阻止其滑向犯罪泥潭；下策为惩戒，东窗事发后再予以党纪重处分或移送司法机关。

领导干部是带头践行"为人民服务"宗旨的关键少数，在从严治党和反腐倡廉中，理应致力于预防之上策，尽量避免惩戒之下策。这是一种工作境界，更是一种责任担当。而要切实推动本单位职务犯罪风险防控，首要的就是确立并强化预防思维。

什么是预防思维？预防思维的本质，就是在把握违法犯罪规律和特点的基础上，结合实际，有针对性地开展预防活动或采取预防措施，消除或限制诱发、促成违规行为不断发生的因素或条件，使其不发生或少发生的思维模式。对领导干部而言，预防思维，就是一种见微知著、善于捕捉不良苗头性事件、注重防范职务犯罪风险于未然状态的超前决策思维。

预防思维，在宏观层面关涉国家治理体系与治理能力的现代化问题；在微观层面，则决定着本单位的治理水平与领导干部的施政能力问题。预防思维之所以对大至国家小至单位的能力建设如此重要，是因为事前预防与事后打击，二者不仅追求的价值目标不在一个层面上，而且在实现善治的效率上也有天壤之别。

治理官员贪腐问题古往今来无非就是打击与预防这两手。究竟应当如何认识打击与预防的价值追求和实际功效？如果对这个问题认识不清，就难以真正把握"预防胜于打击"的科学根据，从而难以强化预防思维以及增强着力推动预防的紧迫性与主动性。

打击的价值追求和功效在于，一方面通过对贪腐官员的惩罚，使其遭受身心痛苦，并剥夺其贪腐收益，可以彰显社会公平正义，增强老百姓对政府的信任和社会凝聚力；另一方面通过杀一儆百，可以在一定程度上威慑那些蠢蠢欲动试图中饱私囊者。但问题是，通过打击浮出水面的贪腐者，无法触及贪腐行为倾向于多发频发的最大诱因——对权力的监督和制约不足，因而无论事后的打击多么严厉，其最大功效都只能是暂时遏制贪腐现象的蔓延，无法从根本上消除"前腐后继"的"割韭菜效应"。

同时，打击在减少贪腐行为方面不仅效率低下，而且社会代价高昂。一方面，官员的成长是政府花了大把银子的，其沦为阶下囚，不仅意味着给社会造成了重大危害，还意味着政府培育官员的投入严重亏损，这种双重损失无疑是社会资源的一种重大内耗。另一方面，在现代法治社会，虽然强调罪及个人、不牵连无辜，但官员往往是一个家庭甚至一个家族的主心骨、顶梁柱，一旦被查处就会引发家人的重大变故，在此情形下要求官员的家人、亲戚和朋友仍然保持对社会的感恩，就容易发生情感上的障碍。因此，从实现社会良性之治的角度看，领导干部应当高度重视如下富有真理性的忠告：一个社会中被定罪的人越多，社会给自己埋下的不安定因素也就越多。这是犯罪治理中应当谨记的一条重要法则。同理，治理职务犯罪如果主要靠事后打击这一手，不仅不能从根本上减少职务犯罪的多发现象，而且还会引发群众对官员的信任危机，进而危及执政的社会根基。

反观预防，是基于对职务犯罪规律和特点的深刻认识，直接针对容易诱发或促成职务犯罪的制度缺陷与机制问题采取的行动和拟定的对策。因而，预防活动的开展，能够最大限度地压缩违规用权的空间和减少以权谋私的机会，从根本上降低发生职务犯罪的风险。同时，预防的性质和特点决定了，职务犯罪预防活动的开展过程，也就是完善权力监督与制约制度的过程，就是强化权力运行公开和透明机制建设的过程。这其中不仅体现了领导干部的责任担当，更有通过制度建设使更多的人能够远离职务犯罪风险、能够在从政生涯中行稳致远以及安享快乐的人文关怀。

近年来，某省检察机关积极推进"阳光百姓工程"建设，围绕涉农扶贫领域的重点人员、重点环节、重点项目和重点情形，运用"互联网＋预防"平台模式，着力开展涉农扶贫领域职务犯罪预防，确保了发放给农民群众的每一笔资金都能在手机和互联网上查得到、看得见，确保国家各项涉农扶贫政策真正惠及百姓，实现了涉农扶贫资金在"阳光"下晾晒，政府权力在"阳光"下运行，涉农服务在"阳光"下开展，从源头上减少了涉农扶贫领域职务犯罪案件。在全省乃至全国涉农扶贫领域职务犯罪案件出现高发多发的情况下，该省一些着力开展预防活动的市县，涉农扶贫领域职务犯罪案件的发案率基本为"零"，以致反贪办案部门发出了"无案可办"的感叹。

这就是"预防胜于打击"的实际功效，这也是无论怎样的打击都无法取得的社会效果：既使参与扶贫开发工作的人员远离了职务犯罪风险，又使党和国家的扶贫开发政策得到切实落实，使农民群众得到了不打折扣的实惠。同时，打击始终是针对个人的，只有预防才能作用于更大多数人，是真正功在当下、利及未来的崇高事业。

事实上，"预防胜于打击"不仅有事实胜于雄辩的科学根据，而且还有深刻的人性基础。

古代思想家董仲舒曾提出"性三品"说，把人的品性由高到低分为三个等级，即"圣人之性""中民之性"与"斗筲之性"。

这对于我们进一步认识预防的价值有借鉴意义。

所谓"圣人之性",是先知先觉,无须教育,这类人即使没有外在的法纪约束,也能严于律己,不做坏事。"斗筲之性"则是天生顽劣,教也无用,只能采用惩罚的手段。"中民之性",也就是有七情六欲的普通人,可善可恶,往上能成为遵纪守法、乐于奉献的好人,往下就会变成违法乱纪甚至作恶多端的坏人。这主要看他们所处环境的优劣。或者说,只要预防方法得当,绝大多数人是可以选择从善而不是从恶的。

在被查处的腐败分子中,品行十分恶劣者有之,但毕竟是极少数;可归入"圣人之性"的模范干部也不乏其人,应该成为学习的榜样,但要求官员人人都做到也不现实。因此,现实中的绝大多数贪腐官员原本也是正常之人,属于"中民之性"。不少官员从政之初也是满怀豪情,自我要求也比较严格,工作中也做出过成绩。他们之所以犯罪,固然有其自身的原因,但造成腐败形势依然严峻复杂的关键原因不在个人,而在于权力任性的空间大、权钱交易的机会多以及腐败风险较低的现实环境。

实践中,许多官员在案发后都有这样的感叹:如果当初制度执行得严一点,或者组织上及时敲打一下,我也不会走到这一步!外部监督的缺位或不到位,固然不能成为职务犯罪者推脱自身责任的借口,但这的确反映了人性的致命弱点:不受监督的权力必然倾向于腐败。因此,大力推进职务犯罪预防,着力"把权力关进制度的笼子里",既是治本之策,也是对人性的一种应有关照。如果不注重预防，只是消极地等到职务违法犯罪发生后再来依规处罚，既是对自身职责的推卸，也是对人性的不尊重。

（二）端正政绩观，强化预防行动力

对领导干部而言，要强化预防思维，着力推动本单位职务犯罪预防工作，除了要注重自我学习研究，深刻领会预防的价值和功效，增强积极开展预防活动的行动力，还得确立正确的政绩观，克服急功近利、追求眼前绩效的心理，要有慢工出细活的"钉子精神"与"功成不必在我"的思想境界。

　　魏文王曾求教于名医扁鹊："你们家兄弟三人，都精于医术，谁的医术最好呢？"扁鹊说："大哥最好，二哥次之，我最差。"魏王不解："为什么？"扁鹊答："大哥治病，是在病情发作之前，病人自己还不觉得有病，就下药铲除了病根，这使他的医术难以被常人认可，所以没名气。二哥治病，是在病初起之时，症状尚不十分明显，病人也没有觉得痛苦，就药到病除，使乡里人都认为二哥只是治小病。我治病，都是在病情十分严重，病人痛苦万分，家属心急如焚之时。他们看到我在经脉上穿刺，用针放血，或在患处敷以毒药以毒攻毒，或动大手术直指病灶，使重病者得到缓解或治愈，所以我名闻天下。"魏王大悟。

上述典故说明一个重要的社会现象：在工作中能防微杜渐者才是真正的管理高手，但就短期社会显示度而言，往往是事后处置者更高。

同样的道理，在考核评比中，查处了多少严重违纪违法者，往往是看得见、摸得着的成绩，但通过预防减少了多少违纪违法行为，避免了多少损失，却不容易引起重视。这一方面反映了在过去40年追求发展速度优先而不大讲究发展质量背景下的一种价值取向与评判标准；另一方面现在强调要高度重视和大力推进职务犯罪风险防控，则与我国经济社会发展进入新时代，更加注重高质量的要求具有内在的一致性。这也决定了，推进预防不仅需要练就比查处案件更高强的基本功，而且还需要端正政绩观，要有不急功近利地单纯追求查办案件的数量和"功成不必在我"的思想境界；要有脚踏实地，一茬接着一茬不断推进的耐心与韧劲，才能把风险防控做好做实。在这方面，领导干部唯有牢记"权为民所用、利为民所谋"的宗旨，才能在工作中自觉认同"查处职务犯罪是政绩、预防职务犯罪是更大政绩"的科学治理理念，从而不断强化推动风险预防的行动力。

相对于事后处置之治标，预防的确能收到祛除病根和防止危害扩大之奇效。但如何才能养成科学的预防思维，使预防活动取得实效？对此，通过一个案例加以说明。

18世纪，英国为了保持本土"干净"，政府出面租赁轮船公司的船把囚犯运到澳大利亚，并以装载人数付费，但到达目的地后，因转移过程中人多拥挤且卫生条件极差，囚犯的死亡率很高，使为殖民地开垦土地增加劳动力的计划受阻。

为了解决这一问题，负责转运工作的官员想了很多办法，一是装船时派官员监管，核定装船人数。这也是最容易想到的办法，但结果证明靠官方单方面的努力效果很不理想，不仅增加了监管成本，而且难以避免船主虚报、瞒报现象，还引发了船主与监管者之间的贿赂。二是替换转运公司，但先前发生的问题又重复发生。

如何才能从根本上解决囚犯高死亡率的问题？这就必须确立科学的预防思维。而科学预防思维的确立，一般要经过如下三个步骤或过程：

首先，必须认真查明真实原因，不能就事论事、简单依规处置。此处就是要洞察导致转运过程中囚犯高死亡率的真正原因。这是采取有效预防措施的前提和基础。如果原因分析不透、诱因把握不准，措施就会缺乏针对性和可操作性，预防活动就不会产生效果，如前述派官员监管以及替换转运公司等措施之所以失灵或效果不明显，就是因为没有切中引发囚犯高死亡率的真正原因。

实际上，转运囚犯未能达到预期效果的真正原因，不在客观因素（如路途远、转运时间长、船上条件差等），也不在缺乏监管，而在于官方与船主之间的利益冲突，即官员想尽量把囚犯比较健康地运到目的地，以便发挥其劳动力价值，而船主关心的却是如何通过转运赚取更多的钱。一方面，安全转移囚犯是官员的职责，另一方面，利益最大化又是船主的天性，尽量多装载囚犯并减少转运成本是船主承揽官方生意的最大动因，由此必然导致囚犯因过度拥挤、卫生条件差以及长途颠簸而死亡率高的结果。

找到了问题的症结，也就指明了解决问题的方向与路径：要消除或减少囚犯死亡率高的现象，必须找到一个既能较好地完成官方转移囚犯的任务，又能让船主不用超载也能获取正常利润的办法，也即要想办法在官方与船主二者的利益诉求之间达成平衡。这是真正解决问题的基础和前提。

其次，反思和检讨现行制度。以查明的原因为根据和参照，认真反思和检讨现行制度的关联性、对称性和适应性，也即现行制度对消除或限制该原因的发生上究竟有无效果、有多大效果，究竟是正效应还是负效应。

以本案为例，官方与船主之间原先达成的"以装载人数付费"的协议，本身就是一个很糟糕的付款制度，它不仅不能约束船主追求利润最大化的欲望，而且还具有鼓励船主多装多赚钱，不考虑过度装载的负面影响。因此，要减少囚犯死亡率高的现象，就必须改变现行付款制度，代之以能够在官方与船主二者的利益诉求之间实现相对平衡的新制度。

最后，设计出符合目的的新制度，实现对原因因素的有效干预。制度的设计是个细活，需要绣花般的精细和严密。因为，好的制度设计必须既科学又管用，这就需要制度的制定者排除长官意志、先入为主、经验主义以及部门主义的干扰，更需要其以查明的真实原因为基本根据，还需要有足够的智慧才能保障所拟定的对策措施能对症下药。这也是预防比打击更有效和更高级的原因所在。

结合前述个案，设计新制度应遵循的基本价值目标，就是要利于实现官方与船主之间利益诉求的平衡。同时，既然原先"以装载人数付费"的制度会诱发和增强船主的逐利动机，不利于完成转运任务，取而代之的新制度就必须同时具有以下三项功能：其一，能够合理约束船主的逐利动因；其二，能够保障船主也关注转运质量；其三，不违背市场规律，让船主能够获取正常的利润。什么样的制度才能具有这些功能？那就是按照安全转移至目的地的实际人数来付款的制度。

新制度实行后，先前不可能出现的效果发生了：随着实行在目的地查验囚犯状况后再付款的制度，不仅使船主不再超载了，而且船主还主动派医生随船护理。尽管装运时没有官员临场监管，降低了监管成本，囚犯的死亡人数却显著降低。

这就是预防思维产生的巨大能量。尽管现在看来，这种制度安排十分简单，但体现了预防思维的确立、转换与升级过程。

领导干部要强化预防思维，关键在于要不断修炼内功和总结经验，养成透过现象看本质、出了问题找症结的思维习惯。如此，方能戒除满足于事后处置的惰性与平庸；才能在职务犯罪风险防控方面处处主动；才能为推动本单位、本部门和本地区工作的科学发展和取得显著成效奠定坚实基础。

二、践行主体责任，贯彻"修路原则"

（一）落实主体责任，重在抓制度建设

长期以来，一些地方和单位的领导干部错误地认为反腐倡廉只是纪检监察部门的事或者是官员个人的事，事不关己、高高挂起，对本地方、本单位、本部门的干部疏于管理和监督。党的十八大以来，随着落实全面从严治党主体责任的力度空前加强，因履行主体责任、领导责任和监督责任不力而引发责任追究的案例不断见诸报端，显示了中央从严要求领导干部在反腐倡廉方面不得失职渎职、着力推进政治生态优化的坚定决心。

从严治党主体责任是政治责任，不落实就是严重失职渎职，就会引发现实的职务性风险。2015年9月7日，《人民日报》在要闻第四版刊发报道：中央纪委转发《中共河南省委关于新乡市委原书记李某某落实党风廉政建设主体责任和新乡市纪委落实监督责任不到位问题的通报》……一个地级市的原市委书记问责被通报，为何惊动中央纪委转发？

　　原因在于，2014 年 4 月至 2015 年 1 月，河南省纪委立案查处了新乡市委原常委、市政府原常务副市长贾某某，新乡市委原常委、市委政法委原书记、市公安局原局长孟某，新乡市政府原副市长崔某某 3 名厅级领导干部。这 3 起案件涉案金额特别巨大，社会影响特别恶劣，且违纪违法行为主要发生在李某某担任新乡市委书记期间。作为新乡市"党风廉政建设第一责任人"的李某某，对主体责任认识模糊、工作领导不力、责任落实不到位，对班子成员疏于教育、管理和监督，用人严重失察失误，面对不正之风和腐败行为不坚持原则、不敢斗争，对连续发生的 3 名厅级领导干部严重违纪违法案件负有主要领导责任，故而受到追责。同时被追责的，还有新乡市纪委。对同级领导班子成员的问题，新乡市纪委被指"该发现没有及时发现，发现了也没有及时采取措施，监督严重失责失职"。关于李某某的通报同时刊登在中央纪委监察部网站的首页，还出现在 2015 年 9 月 6 日晚间的《新闻联播》中。由此发出的一个强烈信号是：党的十八大以来履行主体责任和监督责任不再是一句空洞的口号和要求，而是与制度化、常态化的追责机制紧密相连。

　　对于领导干部而言，主体责任和监督责任怎么落实？抓什么？怎么抓？这是一门领导艺术和管理艺术。我们常常可以看到，有的单位、部门或岗位由于管理不善，常常发生窝案串案。这其中，既有个人方面的原因，更与制度缺位密切相关。身为领导干部，尤其是"一把手"，平时不注意推动制度预防，将落实"两个责任"挂在口头，停留于模式化的反腐倡廉宣传上或满足于对个案的查处上，以致病根长期得不到医治，腐败现象的多发频发就具有了必然性。以下 5 名交通厅厅长"前腐后继"的现象就很能说明问题。

　　曾某某就任某省交通厅厅长时，鉴于前任厅长已进牢房的教训，给组织写下了这么一段血书："省委：我以一个党员的名义向组织保证，我绝不收人家的一分钱，绝不做对不起组织的一件事，坚决维护党的形象。"然而一年后，检察机关就查实其受贿达 40 多次。曾某某的继任者张某某走马上任伊始，也立誓要吸取前任厅长的沉痛教训，并提出了一个响亮而富有感染力的口号："让廉政在全省高速公路上延伸！"但誓言依然落空，张某某因受贿、挪用公款罪被判处无期徒刑。张某某的继任者石某某提出了更加动人的口号："一个'廉'字值千金。"但两年后，石某某因受贿 1900 万元被判处无期徒刑。2008 年 3 月，董某某继任交通厅厅长，同样没有跳出贪腐的魔咒，2012 年 11 月 29 日被判处无期徒刑。董某某对自己的贪腐深深忏悔，引用一句古话警示现在手中握有权力的官员："秦人不暇自哀而后人哀之，后人哀之而不鉴之，亦使后人复哀后人矣。"

　　对于此类现象的出现，人们往往倾向于夸大个人的责任，这是因为预防意识不够，忽视了防范职务风险之要义：预防总是与善于发现和识别隐藏在违纪违法行为后面的共性问题和制度性缺陷相伴而行的。

现实生活中，我们常常可以看到或发现这样一种日常情境：当一个人走路摔倒时，人们总是容易先入为主地认为这是他自己不小心；如果他在同一条路上再次摔倒，还会被人们讥笑为"笨蛋"。正是这种只注意强调个人原因的直线式的惯性思维，阻碍了人们去反思和检讨更根本性的问题——是否这条路的设计和施工方面有问题？其结果是将不断有人在这条路上摔倒。

如果将这里的路引申为社会的制度体系，就能察觉这样一种较普遍的社会性思维模式：出了问题，总是首先倾向于断定这就是个人的问题，而非制度的问题。这种传统的思维习惯，其实就是一种见怪不怪的人治思维模式。因为，把什么都归结为人的问题，就是在把人的作用扩大化，太相信人的作用了。好，是人的问题；坏，也是人的问题。人的作用一旦被异化，制度的改良与进步将无法得到重视。

在违纪违法风险持续高发的态势下，作为领导者，如果一味盯住腐败的个体性原因，不着力抓监督制度在本单位或本部门的落实，不注重内部管理制度的适时修改和完善，这无异于是在推卸自己"在其位谋其政"的领导责任。更为严重的是，由于忽视了是"路不好"这一主因，即使一再进行廉洁自律教育，也阻止不了不断有人摔倒。周而复始，最后摔倒的人将越来越多。

有人说，普遍存在的问题要在方针政策上找原因，反复出现的问题要从发展规律上找原因，这是符合"修路原则"的。

根据"修路原则"，当一个人在同一个地方两次出现同样的差错，或者两个以上的人在同一个地方出现类似差错，那一定不是人的问题，而是这条让他们出差错的"路"有问题，是体制、机制或制度有问题。前述案例中的 5 名交通厅厅长连续"落马"，能简单归因于组织选拔的这些厅长个人素质都不行吗？这一案例实际反映的是交通工程建设管理体制方面存在明显的缺陷。交通工程建设从立项论证、招标设计、施工监理、预算拨款到竣工验收等，几乎全由交通部门独家负责或牵头，更特殊的是交通系统政企合一，"一把手"党、政、财大权在握，投资、建设、管理、使用"四位一体"大权独揽，内外监督制约严重缺失，这才是"腐败之源"。如果不从制度上破解这一症结，谁到这个位置，都难保不重蹈覆辙。

按照"修路原则"的要求，作为领导干部，最重要的工作不是对犯错误者予以追责或要求其不要重犯错误，而是要"修路"，即着力完善和制定规则，并保障规则能发挥好引导和规范作用。领导干部唯有切实履行完善制度和监督制度落实的责任，才能避免类似于交通厅厅长相继"落马"的悲剧，才能最大限度地保护自己的同事和下属，使他们避免"从政为官之路容易成为走向监狱之路"的魔咒。但就是这样一个简单的事实，常常被不少领导干部所忘记或忽视。

（二）推进制度建设，必须讲究原则

"修路原则"本质上是运用法治思维推进职务犯罪风险防控的体现，对于贯彻主体责任具有十分重要的价值。针对"两次踏进同一条河流"的现象，必须自觉地多从制度层面考虑问题，多"问路"、多"查路"、多"修路"。要在全面、准确掌握"路"的第一手资料基础上，精心制订"修路"计划，落实"修路"责任，强化"修路"效率，并正确处理好制度与人的关系问题，才能持续推进制度建设，发挥好制度在预防职务犯罪风险中的强大功能。

推进制度建设，应当把握好以下原则：

首先，预防职务风险的关键和核心，不是事后追责，而是要善于发现并着力解决制度本身的问题。

邓小平同志曾经指出："制度好可以使坏人无法任意横行，制度不好可以使好人无法充分做好事，甚至会走向反面。"习近平同志更是反复强调："要加强对权力运行的制约和监督，把权力关进制度的笼子里。"可以说，离开了制度完善的支撑，思想教育和事后处罚对于预防职务风险都将是苍白无力和难以为继的。当前的突出问题是：领导干部权力制约监督制度与社会经济发展现状在一些方面还存在不相适应、不够完善的地方，权力配置还不尽科学，决策权、执行权和监督权之间还没有形成有效的相互制约，权力往往过分集中于主要领导干部手中。这样既容易因决策失误引发责任，也容易诱发腐败行为。大到一个国家，小到一个单位，都需要通过持续推进制度建设才能构建决策科学、执行坚决、监督有力的权力运行体系，才能实现干部清正、政府清廉、政治清明的目标。

其次，制度建设是一个渐进的过程，非一日之功，要有的放矢，在实践中不断探索、总结和改进，直至趋于完善。

在新制度经济学中经常被引用的"分粥故事"，充分说明了制度完善的演化过程与良性制度设计的重要性。

有一个由7个人组成的小团体，其中每个人都平凡而且平等，但仍不免自私自利。他们想通过制定制度来解决每天的吃饭问题——要分食一锅粥，但并没有称量用具。大家先后试验了不同的规则，最后才找到比较公平并且能够实施的规则。

规则一：指定一个人负责分粥。很快大家就发现，这个人为自己分的粥最多。于是又换另一个人，结果总是主持分粥的人碗里的粥最多。

规则二：大家轮流主持分粥，每人一天。看起来是平等了，但是每个人在一周中只有自己分粥的那一天吃得饱而且有剩余，其余6天都饥饿难挨。大家认为这种办法造成了资源浪费，也不行。

规则三：大家选举一个信得过的人主持分粥。开始时，这位品德尚属上乘的人还能公平分粥，但不久他也开始为自己和对他溜须拍马的人多分粥。因分食不均又形成了新的对立。

规则四：建立一个分粥委员会和一个监督委员会，形成监督和制约。结果是基本做到了公平，可是由于监督委员会常提出种种议案，分粥委员会又据理力争，等反复协商达成一致时，粥早就凉了。

规则五：7个人轮流值日分粥，将粥分成7份，但是分粥的那个人，必须最后一个领粥。奇迹发生了：在这一制度下，7只碗里的粥每次都是一样多。因为每个主持分粥的人都意识到，如果7只碗里的粥不相同，他确定无疑将享用那份最少的。

规则五之所以是最佳制度设计，在于它通过权力均等化和相应的程序规则，有效约束了人人都想"多吃多占"的私欲，实现了公平分配的目的。"分粥故事"形象地解释了通过良性制度设计，切实"把权力关进制度的笼子里"，对于防止滥用权力和以权谋私的重要性；揭示了制度的演进过程以及既定制度对人的行为所产生的激励和影响。权力本来就任性，关键是如何在尊重人性的前提下设置好权力可以任性的边界。这正是规则五成为"黄金规则"的要义所在。

同时，"分粥故事"也表明，建章立制不是越严越好，必须讲究严苛适度。制度不能强人所难，也是法治原则的要义所在。规定掌握分粥权力的人要先人后己是正确的，因为这能有效抑制人们心里揣着的损人利己、损公肥私的"小九九"，但如果硬要分粥者大公无私，比他人少吃粥，就是强人所难，不仅会造成新的不公平，而且还会引发其对制度的抵触情绪。这也道出了衡量一个制度是否为好制度的实质条件：是否把握准了问题的原因和症结；是否体现了对人性的基本尊重。唯有符合这两个实质条件的制度，才会因为得到的认同度高而具备执行的良好基础；也唯有这样的制度，才能做到有的放矢、精准施策，从而具备抑制贪念、减少违规机会的功能。

制度建设与制度完善是个长期过程，不可能毕其功于一役。但领导干部在一个岗位或一个单位的任期有限，因而推进制度建设最有效的办法就是：立足于本单位实际，针对所存在风险隐患的轻重缓急，一步一步地健全和完善，通过一茬接一茬的努力，最终达成本地区或本单位的体系性完善。有了比较完备的制度体系，就能形成违规用权不容易、贪腐行径易暴露的微观环境；就能有效抵御来自外部的不良侵袭。这也解释了为什么在同样的社会环境下，有的单位窝案串案频发，有的单位却很少发生严重违纪或职务犯罪现象。

最后，有计划地定期组织教育和培训，着力提升干部队伍的法纪意识与职业素养。

江泽民同志曾经指出："人的素质高，能够廉洁自律，做到'常在河边走，就是不湿鞋'；人的素质低，即使法律和制度完善，也会有人以身试法，铤而走险。"任何制度本身都难免有缺陷，因为制度只能关注一般情况，管不了个别和特殊情况。通过提高干部队伍的法纪意识和职业素养，可以增强其面对规则缺陷或特殊情况时的识别能力与抵抗能力，不那么容易就被"路障"绊倒。同时，法纪意识和职业素养的提高，还可以增强个体对制度的认同感，提高执行制度的自觉性与行动力。

践行主体责任，贯彻"修路原则"，就是要切实"把权力关进制度的笼子里"。以习近平同志为核心的党中央提出要着力构建"不敢腐""不能腐""不想腐"的科学反腐机制，也对制度反腐提出了更高要求。不敢腐，就是通过惩处已然之腐败来实现；不能腐，则要通过强化制度建设和监督管理才能实现；不想腐，更是需要通过持之以恒的理想信念教育才能达到。在这"三位一体"的反腐机制中，制度建设居于中流砥柱之地位。它既是实现"有腐必惩、有贪必肃"的前提，也是达成"不想腐"境界的推力与保障，更是堵塞漏洞、减少滥用权力机会的基石所在。如果没有扎实的制度建设和真正的制度创新，也就难以实现"逐步让党纪轻处分成为大多数，重处分的是少数，严重违纪违法被立案审查的成为极少数"的理性治理目标。同样，没有可以依托的良性制度体系与法治环境，不仅理想信念教育容易落空，而且会导致"不想腐"的动力机制严重不足。

三、强化制度执行，营造"零容忍"氛围

（一）制度执行，重在防止"破窗效应"

要搞好反腐倡廉和预防职务犯罪风险，除了注重建章立制、堵塞制度漏洞外，还必须构建"零容忍"的执行机制，防止出现"破窗效应"。

目前，在包括反腐败在内的许多社会领域，存在的一个突出问题是：不是没有相关制度，而是制度执行机制不畅、制度执行力低。"规章满墙挂、问题照样发"，便是一些单位的真实写照，以致在一些领域、一些部门违法乱纪现象不断蔓延，甚至到了积重难返、需要进行组织整顿的境地。这就是典型的"破窗效应"。

20世纪60年代，有心理学家做了一个这样的实验：把两辆不能启动但外观完好无损的一模一样的轿车，分别停放在治安状况较好的社区与治安状况较差的社区，观察不同环境下车子遭受破坏的概率有无差异。一周后，停放在不同社区的轿车

都完好无损。于是，心理学家增加了实验条件：先将停在治安较差社区的那辆轿车的前窗玻璃打破，结果很快就有人接连打破了其他车窗，再后来车上能搬走的东西，包括方向盘、座椅、轮胎等都被人卸下拿走了。心理学家对停放在治安较好社区的轿车如法炮制，随后发生了同样的情形：其他的车窗玻璃陆续被打破，能被拿走的东西全部被偷走。

"破窗效应"实验最重要的启示在于：第一扇车窗被打破常常是事情恶化的起点。作为管理者对此必须高度警觉。面对第一扇车窗被打破后并未被人及时修复的现实，人们常常容易受到这样的示范性暗示：车窗原来是可以被打破的，并且没有惩罚。久而久之，处在这种麻木不仁氛围中的人们的不良心理暗示就会增强，就会出现打破车窗的第二双手、第三双手，无序现象和违规行为因此不断扩散和升级。这就是在规则执行中，必须实行"零容忍"的根据所在。因为唯有如此，才能尽快消除违规行为可能引发的不良效应，才能培育出规则敬畏意识。

"零容忍"，作为一项被广泛采用的治理策略，其核心要求就是：即使是偶然的或轻微的违规行为，只要涉及原则性问题，都要及时制止和追责，杜绝"下不为例"的处理方式。对领导干部和公职人员而言，这里的"原则性问题"就是权力只能为民谋利、公权不得私用以及法有规定必须为，法无授权不得为。只要触犯这条底线，惩罚就没得商量。

领导干部在管理工作中当然要注意人性化管理，但最大的人性化管理就是以敢于担当的精神，对于违背基本职责要求的行为，即使是初犯，即使并没有产生实际后果，也必须"小题大做"，严肃对待，认真处理。因为只有如此，方能确立规则的权威；方能最大限度地发挥违反规则的惩戒效应，促使他人将规则内化于心，从而减少违规行为的发生，阻止违规行为向违法犯罪行为的升级。因此，"零容忍"与无情无义、严肃法纪与领导耍铁腕是不同的概念。捍卫法纪的严肃性，是领导干部的本分所在，更是保护同事和部属的根本利益，防止其滑入泥潭不能自拔的责任担当所在。

制度的生命在于执行。但徒法不足以自行，需要有人去推动和监督实施。这正是领导干部存在的价值，也是组织和群众对领导干部的期待。有了好的制度，如果领导干部在执行上不用劲、监督上不得力，制度就会形同虚设。制度一旦成为摆设，不仅反腐倡廉的任务和要求在本单位难以落实，而且走向领导岗位时要"忠于党、忠于人民、努力开创工作新局面"的誓言也会落空，所在单位的法纪严明、风清气正就难有保障。

（二）敬畏法纪，重在氛围营造

要从根本上减少干部在职务活动中因利所诱、因情所困而发生乱作为和不作为，就必须持续推进本单位的廉洁文化建设，致力于形成"规则不可违"的文化氛围。

在我们接触到的真正代表市场主体的民营企业家中，谈及企业治理经验时，时常能听到一句值得领导干部们认真体会的顺口溜："十人企业靠老板，百人企业靠制度，千人企业靠文化。"这句话比较深刻地揭示了领导、制度与文化之间的辩证关系。制度很重要，但制度只是思想理念和价值追求的有形载体与外在表现，因而，比建章立制来得更为深刻的是，有计划地着力推进本单位"重职业操守、守权力规矩"的文化建设。一旦形成了"依规用权者有获得感、违规用权者有失败感"的文化氛围，职务犯罪风险想要在本单位、本部门多发频发也会成为不可能。但这种文化氛围的形成不仅等不来，而且更需要领导干部政治站位高，并付出更多的"智慧＋耐心"的行动加以大力引导和推动。

如何在管理工作中坚持底线不容触碰的原则，以此营造"法纪不可违"的良好微观环境，在此举一个企业管理案例以资借鉴。

有一家知名公司，规模并不大，却以管理规范、产品质量好和关心员工利益著称。有一天，一位资深车工为了早点完工参加朋友的婚礼，在切割台上工作了一会儿，就把切割刀前面的防护挡板卸下放在一旁，这样收取加工零件时会更快捷一些，但没有了防护挡板，就埋下了安全隐患。车工的这一举动被在车间巡视的主管发现了。主管雷霆大怒，当即命令车工将防护挡板装上。第二天一上班，该车工被通知去见老板。老板说："身为老员工，你应该比任何人都明白安全生产对于公司意味着什么。你有事可以提前请假，你少完成

部分工作，公司少了一些利润，这些都不重要，公司可以换
人把它们补起来，可你一旦发生事故，失去健康或生命，那
是公司永远都补偿不起的……"

离开公司那天，这位车工流泪了。工作了 8 年时间，公
司从没有人对他说不行，可这一次不同。他知道，自己触碰
的是公司灵魂的东西——安全生产。为此，他必须离开了。

作为领导干部，要想在推进本单位职务犯罪风险防控中取得
成效，必须注意把握好三条原则：

一要着眼于新时代高质量发展的要求，确立更高的工作境界。
要不满足于能做到事后严肃法纪的治理水平，要把积极推进本单
位职务犯罪风险预防视为对干部群众的最大人性关怀，是把践行
从严治党、执政为民理念内化于心、外化于行的最好体现。一方
面，预防本质上就是为了使尽可能多的干部不犯或少犯错误，不
要在行使权力的过程中引发职务犯罪风险；不要因违规用权铸成
令人惋惜的人生终局性错误。这无疑就是一种最大的善行。另一
方面，职务犯罪风险的有效预防，意味着以权谋私、中饱私囊的
现象极少发生；意味着党和国家的利国利民政策能够在本单位、本
部门、本地区切实贯彻；意味着社会中的矛盾和冲突能够得到及时
化解；意味着群众的正当权利能够得到有效保护，获得感和幸福感
得以不断提升。这无疑就是一种最大的善政。

二要提升对职务犯罪风险的政治鉴别力，对触碰底线的行为

必须绷紧"零容忍"这根弦。领导干部在工作中需要讲人情世故，更应注意关爱部属和换位思考，体恤他人的处境和难处，否则就会高高在上，脱离群众，成为孤家寡人。但是，对违反公职人员核心价值的行为，则不能有"妇人之仁"，不能讲"一团和气"和"下不为例"。为了以廉聚力促发展，为了保护更多人的不重蹈覆辙，对那些看起来是个别的、轻微的但触犯了职业操守的"小过错"，切忌熟视无睹或纠正不力，否则就会给他人留下反面的示范效应，就会松动人们的底线意识，就会模糊法纪戒律的边界，其实际效果无异于纵容更多的人去投机钻营、触碰底线。

三要注意发现并着力解决制度执行过程的末端堵塞。严密制度固然重要，但更重要的是建立强有力的常态监督机制，保障既定制度从上到下，直至末端也能得到切实执行。如果不注意及时发现并畅通制度执行的"最后一公里"堵塞，法纪严明、公私分明、依规行事的氛围就难以在本单位、本部门切实形成。制度制定得再好，大会上强调的调子再高，也会因为执行不到位沦为"水中月、镜中花"。

领导干部是党的执政队伍中的关键少数，肩负着保障所负责的单位、部门和地区可持续高质量发展的特殊使命。领导干部职务犯罪多发频发的巨大综合危害，不仅表现在会严重破坏所在单位或地区的发展，贬损党和政府的形象和威信，还表现在会引发局部政治生态的恶化，直接危及我党的执政基础。因而，党纪国法对领导干部必须有更为严格的要求和更高的期待。对领导干部而言，"打铁还需自身硬"，不仅要求自己做到廉洁自律，还要求能识别出所面临的制度隐患，并及时加以修补，做一个称职的制度建设者；面对触犯底线的行为，能坚守法纪原则，做一名尽职的监管者。这既是推动职务犯罪风险预防取得成效的关键，更是检验政治忠诚与法治能力高低的重要标准。

在全面从严治党、全面推进依法治国的新形势下，既然身处领导岗位，就更需要有对权力规则的信仰与自律，就更应当警惕在复杂的社会交往中潜移默化地形成"公权私用"的自我心理辩解。这是保证不忘初心、安身立命的根基所在。

我们无法选择环境，也无力独自改变环境，但既然手握公权力，就应当有这样的责任担当：努力使自己负责的领域风清气正，不要成为一扇容易遭受不良侵袭的"破窗"。这是尽忠职守的要求，更是履行"为官一任，造福一方"使命的本分所在。

图书在版编目（CIP）数据

政道与正道：领导干部职务犯罪风险防控指南 / 张远煌，彭德才著 .
—2 版 .—北京：中国法制出版社，2018.12
ISBN 978-7-5093-9795-4

Ⅰ . ①政… Ⅱ . ①张… ②彭… Ⅲ . ①职务犯罪—预防犯罪—中国
—学习参考资料 Ⅳ . ① D924.3

中国版本图书馆 CIP 数据核字（2018）第 219389 号

策划编辑：潘孝莉

责任编辑：马春芳（machunfang@zgfzs.com）   封面设计：蒋　怡

政道与正道：领导干部职务犯罪风险防控指南
ZHENGDAO YU ZHENGDAO：LINGDAO GANBU ZHIWU FANZUI FENGXIAN FANGKONG ZHINAN

著者 / 张远煌　彭德才
经销 / 新华书店
印刷 / 三河市紫恒印装有限公司

开本 / 787 毫米 × 1092 毫米　16 开   印张 / 16.25　字数 / 160 千
版次 / 2018 年 12 月第 2 版   2018 年 12 月第 1 次印刷

中国法制出版社出版
书号 ISBN 978-7-5093-9795-4   定价：59.00 元

北京西单横二条 2 号　邮政编码 100031   传真：010-66031119
网址：http://www.zgfzs.com   编辑部电话：010-66073673
市场营销部电话：010-66033393   邮购部电话：010-66033288
（如有印装质量问题，请与本社印务部联系调换。电话：010-66032926）